AF204018

www.tredition.de

KONRAD REITMEIER

***

Fragen und Antworten

zum Glauben

und Erlösungswerk Jesus

Christus

Verlag und Druck:
tredition GmbH, Halenreie 40-44, 22359 Hamburg

ISBN
Paperback: 978-3-347-38079-0
Hardcover: 978-3-347-38080-6
e-Book: 978-3-347-38081-3

www.tredition.de

1.Auflage

Korrektorat: Roswitha Born Feuchtwanger
Herausgeber: Konrad Reitmeier
weitere Mitwirkende: Karl Pilsl

Bibliografische Information der Deutschen Nationalbibliothek: Die Deutsche Nationalbibliothek verzeichnet diese Publikation in der Deutschen Nationalbibliografie; detaillierte bibliografische Daten sind im Internet über http://dnb.d-nb.de abrufbar.

Inhaltsverzeichnis

Vorwort Karl Pilsl

Lieber Leser,

Jesus sagte seinen Jüngern: „Himmel und Erde werden vergehen, aber meine Worte werden nicht vergehen."

Eine gewaltig profunde Aussage. Ich habe in meinen 40 Jahren als Christ und Unternehmer das sehr oft erlebt: Alles ist nur vorübergehend, Leben ist ein Kommen und Gehen, Leben ist eine aneinander Reihung von Ereignissen, die uns Menschen oft sehr herausfordern.

Ich könnte darüber viele Geschichten erzählen. Bin jetzt 73 Jahre und seit 55 Jahren Unternehmer auf zwei Kontinenten und bin auch Vater von 8 Kindern. Du kannst dir vorstellen, dass es hier viele Chancen gab, die Flinte ins Korn zu werfen.

Es gibt aber genauso viele Chancen, sich in schwierigen Zeiten Gott zu nähern und ganz und gar auf Gott, deinen Vater, zu vertrauen.

Damit du aber wirklich vertrauen kannst und ein starkes Fundament für dein unerschütterliches

Gottvertrauen hast, brauchst du unbedingt die Kenntnis des Wortes Gottes. Nicht aber nur im Hirn, sondern im Herzen. Denn Glaube ist eine Sache des Herzens, nicht des Verstehens.

Das Wort Gottes ist das einzige Fundament, das dir dieses unerschütterliche Gottvertrauen egal was passiert möglich macht.

Vergiss nicht: „Himmel und Erde werden vergehen, aber meine WORTE werden nicht vergehen."

Konrad Reitmeier, der schon oft in meinen Veranstaltungen war hat in diesem Buch die wichtigsten Passagen zusammengefasst und auch Orientierung gegeben, worauf es im Leben wirklich ankommt.

Ich wünsche dir daher, dass die Worte dieses Buches dein HERZ erfüllen und dich in deinem Gottvertrauen stärken.

Ich wünsche dir ein erfülltes Leben

Karl Pilsl

www.umdenk-akademie.com

www.neuereformation.org

Mein bisheriger Werdegang

Ich bin am 12.09.1962 als drittes Kind in Ränkam/Furth im Wald geboren. Nach Abschluss der mittleren Reife war ich 18 Monate beim Bundesgrenzschutz in Nabburg/Oberpfalz. Danach absolvierte ich eine Lehre als Bankkaufmann in Furth im Wald. Nach der Ausbildung kam der Pflichtdienst bei der Bundeswehr. Danach kehrte ich wieder zu dieser Bank zurück und arbeitete dort bis zu meinen 40 Lebensjahr. Man konnte sich damals, vor knapp 20 Jahren, nicht vorstellen, dass eine Bank insolvent werden kann. Hier war das leider der Fall.

So war ich mit 40 Jahren arbeitslos. Aber ich glaubte damals schon, dass mir Gott den richtigen Weg zeigen würde, obwohl ich noch keine intensive Bindung zu ihm hatte. Ich war zu dieser Zeit einfach „religiös" unterwegs.

Nach kurzer Zeit der Arbeitslosigkeit machte ich mich im kaufmännischen Dienstleistungssektor selbstständig und übe diese Tätigkeit bis zum jetzigen Zeitpunkt aus. Eine sehr beliebte Nebenbeschäftigung war das Fußballspiel und ich war fast 18 Jahre als Trainer tätig.

Auch die Musik ließ mich nie los und mittlerweile spiele ich seit nunmehr über 40 Jahren bei öffentlichen Veranstaltungen. Mein Fokus lag also bei Fußball und Musik.

Ich wurde katholisch erzogen und ich lernte von meinen Eltern schon früh, brav sein zu müssen, in die Kirche zu gehen und mit älteren Menschen respektvoll umzugehen. In dieser Zeit waren der Pfarrer, Lehrer und Bürgermeister hochangesehene Personen.

Aufnahme Jesus Christus in mein Leben

Zu diesen hochangesehenen Personen gehörte auch mein Onkel. Kurz nach seiner Priesterweihe in unserem Heimatdorf ging er als Missionar nach Korea. Dort lebte er 55 Jahre bis zu seinem Tod. Aber jedes Jahr kam er im Sommer für sechs Wochen zurück in die Heimat. Das ermöglichte es mir, zumindest in dieser Zeit, über Glauben und Religion, Gespräche zu führen. Dadurch bekam ich damals bereits eine andere Sichtweise.

Nach seinem Tod vor zwei Jahren stieß ich zufällig auf den freikirchlichen Pastor Karl Pils im Internet. Ich bestellte und las alle seine Bücher. Die CDs über seine Glaubenswochen höre ich mir heute noch täglich an. Dann fuhr ich zu einer dieser Glaubenswochen, zusammen mit meiner Tochter, nach Österreich. Ich merkte schnell, dass ich hier etwas erfahren würde, das ich schon lange durch die Gespräche mit meinen Onkel gesucht und gefunden hatte.

Dies war für mich der entscheidende Wendepunkt.

Die Klarheit und einfache Denkweise führten mich zu Jesus. Nun wollte ich mir mehr Wissen dazu aneignen.

Trennung zwischen Glauben und Religion

Religion und Glauben gehören nicht zusammen!

Ich begann ein Bibelstudium und absolvierte knapp zwei Jahre ein Fernstudium, das mich noch weiter in meinem Glauben festigte.

Mittlerweile durfte ich den gravierenden Unterschied zwischen Glauben und Religion erkennen. Die Fehler in meiner Vergangenheit, in Bezug auf Religion, dürfen meine Zukunft nicht mehr bestimmen. Das wurde mir immer klarer. Ich versuche so wenig wie möglich mit den Gedanken in der Vergangenheit oder Zukunft zu sein, sondern widme mein Sein dem gegenwärtigen Augenblick.

Ich möchte Euch in diesem Buch einen Gott zeigen, der lebt, der sich kümmert, der liebt, der oft falsch dargestellt und missverstanden wird. Es gibt viele falsche Ansichten darüber, wer Gott ist.

Der Gott, den ich durch mein Bibelstudium kennenlernte, ist ein Gott unendlicher Gnade.

Die „Religiösen" sind ihm zuwider, doch bleibt er auch für sie ein Gott der Gnade und Liebe. Wir müssen vor allem darauf achten, dass in all unserer „Religiosität" der Teufel nicht zum Innenausstatter unseres Denkens wird.

Dessen Methoden haben sich nicht verändert. Jedoch besitzt er nicht wirklich Kraft, da Jesus ihn durch den Kreuzestod besiegt hat. Nur, er weiß unsere negativen Gedanken zu nutzen und diese in Angst zu verändern.

Jesus sagt im Lukas Evangelium, dass die Angst den Menschen das Herz brechen wird. Der Teufel benutzt Angst, um uns zu quälen und die Gedanken zu manipulieren.

Wir haben die Wahl: Entweder wir lassen Jesu Worte des Lebens in unser Herz eindringen, Wurzeln schlagen und uns mit seiner Gnade aufbauen, oder wir lassen seine Worte neben den Weg fallen. Jesus bezahlte einen hohen Preis am Kreuz, damit wir unser Leben mit dem Bewusstsein führen können, vollkommen von Gott angenommen und bedingungslos geliebt zu sein.

Dieses Wissen und dieser Glaube sollten entscheidend sein, wie wir unser Leben gestalten, egal was sich uns entgegenstellt. Jeder der an ihn glaubt, wird nicht verloren sein, sondern das ewige Leben haben. Alles was ich dazu tun kann und muss, um ein „ewiges Leben" in Liebe und Frieden erreichen zu können ist: „GLAUBEN AN JESUS CHRISTUS."

Mache deshalb Jesus, seine Vergebung und seine Liebe zum Zentrum deines Lebens. Wenn du anfängst zu glauben und dadurch „in Christus" bist, wird sich dein Leben total verändern. Je mehr du Jesus und sein vollendetes Werk in deinen Mittelpunkt stellst, desto mehr Glauben wächst in deinem Herzen. Du wirst ihm vertrauen, dass er wirklich alle deine Sünden vergibt. Du kannst einen Schlussstrich und in Christus einen Neuanfang machen.

Wenn wir ihn Christus sind, dann sind wir eine neue Schöpfung. Altes ist vergangen, Neues ist geworden. (2.Korinther 5.17).

Genauso wie ein Schmetterling sich nicht mehr in eine Raupe zurückverwandeln kann, so kannst du nicht mehr als Sünder verlorengehen, wenn du einmal durch das Blut Jesus gerecht gemacht wurdest. Leider gibt es viele Menschen die sich als Christen bezeichnen, aber nicht wissen was wirklich „Christ sein" bedeutet.

Zuerst Altes Testament danach Neues Testament

Was wir wissen müssen: Wir leben durch das „Neue Testament", wie Römer 6,14 sagt: „Denn die Sünde wird nicht herrschen über euch, weil ihr nicht unter dem Gesetz (Altes Testament) seid, sondern unter Gnade (Neues Testament)."

Eine klare Aussage! Wenn du das siehst und in deinem Herzen weist, dass das Licht der Liebe Gottes auf dich fällt, schwindet die Finsternis. Depressionen, Essstörungen, Suizidgedanken, zerstörerische Süchte und Ängste, verschwinden. Wenn du ändern kannst, was du glaubst, kannst du dein Leben verändern.

Jedoch müssen wir uns entscheiden zwischen Gesetz und Gnade, zwischen Alten Testament und Neuen Testament. Entweder Gesetz oder Gnade beides kann nicht vermischt werden. Wir dürfen in unserer Beziehung mit Gott nicht gesetzlich sein. Gott möchte nicht, dass die Beziehung zu ihm aus starren Ritualen besteht.

Im neuen Bund geht es Jesus in erster Linie darum, eine Beziehung zu uns zu haben. Ein Tag den wir mit Gott, in seiner Gnade und Gegenwart verbringen, ist besser als tausend leere und nutzlose Tage. Gnade ist ein göttlicher Einfluss, der im Herzen arbeitet, der stärkt und uns zu Größerem befähigt, das ohne Gnade Jesu niemals möglich wäre. Unser Verstand ist dazu bestimmt, alles in Übereinstimmung mit der Sicht der Welt durchzudenken. Wir sollten aber danach streben, die Dinge aus der Sicht Gottes zu betrachten.

Nur weil wir in die Kirche gehen, sind wir noch lange keine Christen!

Das Alte Testament ist wie es der Name schon sagt das „Alte", das Neue Testament ist das „Neue". Wenn wir unseren letzten Willen im Jahre 2010 zu Papier bringen, dies aber im Jahre 2015 erneuern wollen, hat das vom Jahre 2010 keine Gültigkeit mehr.

Jesus sagte: „Mose hat euch das Gesetz gebracht, ich bringe euch Gnade und Wahrheit." Also ist für uns das Neue Testament maßgebend. Wir stehen jetzt unter dem Neuen Bund der Gnade. Wir finden keine einzige Stelle im Neuen Testament, in der es heißt, dass Gott auf Grund der Sünden zornig auf Christen ist.

Einer meiner Lieblingsverse ist Johannes 15, 4-5: „Unter dem alten Bund des Gesetzes musstest du Gehorsam sein, bevor Gott dich segnete. Doch unter der Gnade segnet Gott dich zuerst und Gehorsam ist die Frucht davon."

Nachfolgender Vers ist ebenso aussagekräftig wie einleuchtend. „Bleibt in mir und ich werde in euch bleiben. Denn eine Rebe kann keine Frucht bringen, wenn sie vom Weinstock abgeschnitten wird, und auch ihr könnt nicht, wenn ihr von mir getrennt seid,

Frucht hervorbringen. Ich bin der Weinstock, mein Vater der Winzer und ihr die Reben. Wer in mir bleibt und ich in ihm, wird viel Frucht bringen. Denn getrennt von mir könnt ihr nichts tun." (Johannes 15,1-5).

Schlacht der Gedanken

Wichtig ist, dass wir die Schlacht um unsere Gedanken gewinnen. Der Teufel versucht immer wieder uns in Angst, Pessimismus und Sorge zu verleiten. Er will, dass unsere Gedanken negativ bleiben, damit er dich in der Niederlage halten kann. Er ist Meister der Gedankenmanipulation. Du gewinnst die Schlacht um deine Gedanken, indem du den Feind einfach ignorierst. Denke nicht, dass du wegen der Gedanken etwas unternehmen musst. Wenn der Teufel dir Vorschläge macht, ignoriere ihn einfach und sage: „Das denke ich nicht." Richtiges Denken und richtiger Glaube führen immer zu den richtigen Resultaten. Unsere Gedanken sind sehr schwankend, aber in Christus wirst du die Schlacht um deine Gedanken immer gewinnen. Um die Schlacht um deine Gedanken zu gewinnen, musst du von ganzen Herzen glauben, dass Gott für dich und nicht gegen dich ist. Seine Wahrheit, seine Gerechtigkeit, sein Glaube, sein Evangelium, seine Errettung, sein Wort und sein Geist sind allesamt Waffen des richtigen Glaubens, die dich gegen die Angriffe des Teufels schützen.

Wir sollten uns wirklich nicht am Verhalten und an den Gewohnheiten dieser Welt orientieren. Lassen wir uns von Gott, durch Veränderung unserer Denkweise, in neue Menschen verwandeln. Gott möchte unser Denken verändern, in dem er unsere Selbst-Bezogenheit auf Christus-Bezogenheit lenkt.

Tagein Tagaus sind wir damit beschäftigt uns um selbst zu drehen, uns auf uns selbst zu konzentrieren. Wenn wir auf Christus bezogen sind, werden uns die Dinge, die die Welt gefangen nehmen, immer mehr unbeeindruckt lassen. Irgendwann interessiert es uns nicht mehr, was andere über uns sagen oder denken. Wir sind dann nicht mehr abhängig von der guten Meinung und Akzeptanz anderer Menschen, sondern von der guten Meinung und Akzeptanz des allmächtigen Gottes, dem Schöpfer des Universums.

Wenn du Christus in dein Leben eingeladen hast, werden wir selbst unbedeutend, und unbewusst lebst du alle lieblichen, heilsamen und wunderbaren Eigenschaften Jesu aus. Gott hat uns keinen Geist der Angst und Sorgen gegeben, sondern einen Geist der Liebe, Freude und Besonnenheit. Dies alles fließt dir zu, wenn dein Denken erneuert und auf Jesu ausgerichtet ist.

Wenn wir im fruchtbaren Boden von Gottes Wort leben, werden aus der Beziehung zu ihm Früchte der Gerechtigkeit wachsen. Wenn du die Zeit verwendest mehr Zeit mit Jesus als mit dem Weltsystem zu verbringen, wird sich dein Leben verändern. Deine Gedanken und Worte werden gefüllt sein mit seiner Gegenwart und Gnade. Alle deine Unsicherheiten, Sorgen und Ängste werden in seiner herrlichen Liebe für dich zerschmelzen.

Je mehr du deinen Verstand auf Jesus ausrichtest desto mehr wird dein Denken und dein Herz Wunderbares erleben. Er möchte, dass sich unsere Gedanken um ihn drehen. Jesus ist die Antwort auf all unseren Schmerz, unsere Probleme und Nöte. Wenn unser Herz und Verstand von Jesus erfüllt sind, hat das Fleisch keine Macht mehr über mich. Wir sind nicht das Fleisch (Mensch), weil es mit Jesus gekreuzigt wurde. Wir sind eine neue Schöpfung in Christus; das Alte ist vergangen, Neues ist geworden. (2.Korinther 5,17).

Gott liebt uns und er gab seinen einzigen Sohn für uns hin.

Jesus steht jetzt ganz hinter mir. In Christus, dem Geliebten, bin ich gerettet, geheilt, begünstigt und angenommen.

Beginne jeden Tag damit, dich in deinen Gedanken mit Jesus zu befassen.

Wenn wir unser Leben Jesus hingegeben haben, bekommen wir gleichzeitig einen ständigen Helfer und Begleiter, nämlich den Heiligen Geist, an die Seite gestellt. So kann ich oftmals den Heiligen Geist bitten, mir meine Augen zu öffnen, damit ich Jesus in der Bibel erkenne. Denn darum geht es – Jesus zu sehen.

Gottes Wort erkennen und verstehen

Viele Menschen versuchen das Wort Gottes zu lesen und finden darin nicht Jesus, sondern nur Gesetzestexte. Deshalb werden sie hart, heuchlerisch und letztendlich Pharisäer. Im Römer 10,3-4 steht: „Denn, weil sie die Gerechtigkeit Gottes nicht erkennen und ihre eigene Gerechtigkeit aufzurichten trachten, haben sie sich der Gerechtigkeit Gottes nicht unterworfen."

Suchende meinen, das Wort Gottes ist überholt und nicht mehr zeitgemäß. Man müsste es der heutigen Zeit anpassen. Hier zitiere ich nur Jesu Worte aus dem Markus und Lukas Evangelium.

„Wer meine Worte hört und danach lebt ist für mich Bruder, Schwester und Mutter." (Lukas 8.21).

„Himmel und Erde werden vergehen, meine Worte aber sind für alle Zeiten gültig und vergehen nie." (Markus 13.31).

Wenn wir uns den weltlichen Systemen zuwenden, den Ansichten der Welt, auf ihre Art und Weise zum Erfolg zu kommen, dann haben wir uns von Gott und seinem Wort abgewendet. Wenn wir, anstatt Gott zu vertrauen, die Verheißungen dadurch zu erlangen versuchen, dass wir entsprechend dem Weltsystem, einem religiösen System oder irgendeinem anderen System handeln, wird das Verderben, das in der Welt ist, folglich uns verderben.

„Denn Christus ist das Ende des Gesetzes (Altes Testament) zur Gerechtigkeit für jeden, der glaubt." Beschäftige dich mit Jesus, fülle deine Gedanken mit dem Wort Gottes, seiner Güte und durchtränke dein Herz mit seiner Liebe. Viele Leute beschäftigen sich in der Corona-Pandemie nur noch mit dem Virus und den Nachrichten. Tag für Tag werden Menschen mit Informationen überhäuft, keiner weiß mehr was falsch oder richtig ist. Mein ständiger Begleiter und Ratgeber, der Heilige Geist, legte mir folgenden Vers in meine Gedanken: „Du wirst die Wahrheit erkennen und ich werde dich durch die Wahrheit führen."

Angst und Sorgen

Menschen sind voller Angst und Sorgen, ja manche verfallen gar in Hysterie. Aber Angst und Sorgen führen dazu, dass du nur um dich selbst kreist, und sie halten dich in deinen eigenen Gedanken gefangen. Überlasse den Heiligen Geist die Führung, damit er die Lügen, denen du Glauben schenkst, vertreiben kann. Lass dich durch die Wahrheit verwandeln, dass Jesus in dir lebt.

Humanismus ist in Europa sehr ausgeprägt, und die Humanisten glauben, dass das gute Leben auch ohne Gott gelingt und froh macht, obwohl sie wie Religiöse, um ihre Gebrechlichkeit und die „Demokratie des Todes" (Zitat aus: Kurt Tucholsky 1890-1935, Freitod) wissen.

Genau hier liegt das Problem, warum Menschen in dieser Zeit völlig verwirrt, ängstlich und gegenüber den Mitmenschen teilweise böse, sogar verleumderisch und verachtend werden. Ängste, Sorgen und Schuldgefühle können in unserem Leben nicht existieren, wenn du dich mit Christus beschäftigst und nicht mit dir selbst oder, wie momentan zum Beispiel, mit diesem speziellen Thema Corona.

Statt sich mit dem Wort Gottes auseinanderzusetzen, verbringen wir Zeit vor dem Fernseher und schauen uns tagtäglich Nachrichten über Corona an.

Bete zu Jesus und alle deine Ängste werden sich im Licht seiner Herrlichkeit und Gnade auflösen.

„Der Herr ist mein Hirte, mir wird nichts mangeln. Er führt mich durch grüne Auen zum Ruheplatz am Wasser. Meine Lebenskraft bringt er zurück." (Psalm 23). Wenn wir ihn anbeten, und völlig in seiner überragenden Liebe aufgehen, geschieht etwas mit uns. Wir werden in seiner Gegenwart bleibend, verändert und verwandelt. Alle Ängste, Sorgen und Befürchtungen verschwinden, wenn Jesus in unsere Anbetung erhoben wird.

Wenn wir uns in alle möglichen Ängste, Schuldgefühle und Sorgen verstricken und Sklaven der Angst werden, dann brauchen wir eine große Dosis der Liebe des Vaters. Das Evangelium von Jesus Christus bringt immer Ehrfurcht, Heiligkeit, Versorgung, Gesundheit, Weisheit, Liebe, Frieden, Freude und vieles mehr hervor. Fülle deinen Verstand mit Gedanken an seine Liebe, seinen Frieden, seine schützende Hand über deinem Leben und an sein vollendetes Werk. Danke diesem Herrn, denn er ist gut und seine Gnade bleibt ewig bestehen. Gott möchte nicht, dass du in einem dauernden Zustand von Unsicherheit, Angst, Stress und Sorge lebst. Glaube an den Herrn, deinen Gott, dann wirst du siegen.

Du kannst keinen tiefen Glauben haben, wenn du nicht das Richtige hörst. In Römer 10,17 heißt es: „Der Glaube kommt durch das Hören, und zwar durch das Hören der guten Nachricht über Christus." Was du über Gott hörst, ist entscheidend. Jesus ist das Brot des Lebens und das lebendige Wasser. Egal, wie beschäftigt wir sind, es ist weise, dass wir nicht versäumen uns davon zu ernähren. Unterschätze nie die Kraft, die darin liegt, etwas über Jesus zu hören.

Ein falscher Glaube darüber, wie Gott wirklich ist, hat viele Menschen schon in Furcht, Depression, Schuldgefühle und Unsicherheit getrieben. Wo die Liebe regiert, hat die Angst keinen Platz. Gottes vollkommene Liebe vertreibt jede Angst. Wenn wir uns sorgen und fürchten, dann wird unser Herz in viele Einzelteile gespalten und unsere geistliche und mentale Energie nimmt dramatisch ab, so dass wir unfähig werden, Gottes Arbeit zu tun. Darum ist es notwendig, dass wir Sorgen und Ängste aus unseren Herzen vertreiben. Gott hasst Sorgen und Ängste, weil sie von Satan kommen. Angst und Sorgen sind die liebsten Waffen Satans. Wenn du an die Liebe deines Vaters glaubst, und sie in Empfang nimmst, wird das unerschütterlichen Frieden und Kraft in deinem Herzen bewirken. Im 2. Weltkrieg sind nach Schätzung 300.000 amerikanische Soldaten gefallen. Jedoch starben im gleichen Zeitraum etwa eine Million Menschen in Amerika allein durch Sorge und Ängste. Sorgen und Ängste töten mehr Menschen als Kriege. (ISDD Bibelschule). Menschen, die die Welt lieben und sich von weltlichen Leidenschaften gefangen nehmen lassen sind in Wirklichkeit Menschen, die die Liebe des Vaters zu ihnen entweder nicht kennen oder in ihren Herzen nicht daran glauben.

Wunder und Heilungen im Christentum

Wenn wir als Christen zu Jesus Christus aufschauen, dann gehen wir auf sicherer Straße. Wenn wir jedoch unsere Augen abwenden und nach unten blicken, dann werden wir tatsächlich beginnen, einen Weg abwärtszugehen. Wenn wir versuchen positiv zu denken und negative Einstellungen zu verdrängen, kann Gott uns gebrauchen. Immer wieder treffe ich Menschen, die sagen: „Warum ist gerade der Glaube „Christus in uns" der richtige Glaube und nicht ein anderer?" Darauf gebe ich zur Antwort: „Nur in Christus gibt es Zeichen der Wahrheit, Wunder und Heilungen, auch noch in der heutigen Zeit." Das ist ein Beweis der Wahrheit. Wichtig ist der positive Gedanke. „Dies wird geschehen!"

Jesus sagt im Markus Evangelium 11.24: „Amen, ich sage euch: Wenn jemand zu diesem Berg sagt: Hebe dich empor und stürze dich ins Meer! Und wenn er in seinem Herzen nicht zweifelt, sondern glaubt, dass geschieht, was er sagt, dann wird es geschehen." Darum sage ich euch: „Alles, worum ihr betet und bittet, glaubt nur, dass ihr es schon erhalten habt, dann wird es euch zu Teil werden."

Nur dann werden wir Gottes großartige Wunder erleben. Glaube wird genährt durch Zuversicht und Hoffnung. Ohne Hoffnung, ein klares Ziel zu erreichen, kann Glauben nicht aktiviert werden.

Gegenwart Jesu Christi

Wenn wir klare Ziele und die Vision haben, diese Ziele zu erreichen, und investieren unsere Energie in das Erreichen dieser Ziele, dann wird Gott seine Wunder manifestieren.

Wir werden Christus nicht ähnlich werden, solange wir ihm nicht mehr Zeit widmen. Ich weiß nun aus eigener Erfahrung, welche Kraft darin liegt, bei ihm zu bleiben. Versuche, jede Minute mindestens eine Sekunde an Christus zu denken. Du brauchst deshalb nicht andere Dinge vergessen oder die Arbeit zu unterbrechen, sondern lade ihn ein, an allem teilzuhaben, was du tust oder sagst oder denkst.

Es ist nicht schwerer, sich diese neue Gewohnheit anzueignen, als das Tastensystem beim Schreibmaschinen-schreiben zu erlernen und mit der Zeit wird ein großer Teil der Minuten eines Tages dem Herrn so mühelos gegeben, wie ein fähiger Schreiber sich nicht anstrengen muss, einen Brief zu tippen.

Diese Einübung in die Gegenwart Christi, beansprucht viel Zeit, aber sie nimmt uns nichts von unserer Arbeit. Sie nimmt Christus in unsere Unternehmungen mit hinein und macht diese erfolgreicher. Bleiben wir beständig in Christus und ist die Gnade Gottes mit uns, werden diese Unternehmungen erfolgreicher.

Paulus sagte: „Alle, die durch den Geist Gottes geleitet werden, die sind Söhne Gottes."

Es gibt im Leben immer Licht und Schatten. Ich habe aber gelernt, dass die guten Tage und Stunden kommen, wenn wir Christus sehr nahe sind. Deshalb ist klar, dass dieser Weg zu solchen Tagen und Stunden darin besteht, ihn in alles was wir tun, sagen oder denken mithineinzunehmen.

Du wirst das Reich Gottes auf Erden, mit einer gewaltigen Erfüllung erleben, wie du sie dir in deinen schönsten Träumen nicht vorstellen kannst.

Wenn wir Gott lieben, uns selbst lieben und unseren Nächsten lieben, dann erzeugt diese Liebe eine gewaltige Lebensenergie, die erstaunliche Früchte und Ergebnisse in unserem Leben hervorbringt.

Wie heißt es im 1.Johannes 4,16: „Gott ist Liebe, und wer in der Liebe bleibt, bleibt in Gott und Gott bleibt in ihm."

Ich danke Gott dafür, dass er mich jeden Tag begleitet und mir die Richtung vorgibt.

Im Zusammenhang mit meinem Bibelstudium möchte ich folgend die wichtigsten Glaubenssätze und das Wissen über das Erlösungswerk Jesus Christus anfügen.

In diesem Studium hörte ich viele Pastoren und Evangelisten aus der ganzen Welt. Ich danke Gott, dass er mir die Kraft und Energie gab, dieses Buch zu schreiben. Gott wurde für mich ein ständiger Begleiter.

Er ebnete mir den Weg für ein herrliches Leben. Ein Leben ohne Angst, Furcht und Sorgen. Ein Leben mit Freude, das jedes Fußballspiel oder Freizeitaktivität in den Hintergrund stellt.

August 2021 Reitmeier Konrad

Kapitel 1

Grundlagen des Glaubens

Was ist die Bibel eigentlich?

Die Bibel ist das Wort Gottes. Das Wort „Bibel" (griechisch „biblia") bedeutet Bücher. Gott hat dieses Buch über einen Zeitraum von 1500 Jahren zusammengestellt – von 1400 vor Christus bis ca. 100 nach Christus.

Woher weiß ich, was Gott denkt?

Er sagt: „Meine Gedanken sind über euch, aber ich bringe meine Gedanken zu euch herunter durch mein Wort."

Es wird oft gesprochen von „Wer ist uns?"

Es ist die Trinität, die Dreieinigkeit. Gott-Vater/Gott-Sohn/Gott-Heiliger Geist. Alle drei sind Gott! Als Beispiel nehme ich das Ei. Es besteht aus Schale, Eiweiß und Eigelb. Gesamt ist es aber ein Ei.

Was soll man tun, wenn Ungläubige und Zweifler immer wieder behaupten und dich umstimmen wollen, dass alles nur durch einen Urknall entstanden ist?

Im 2.Tiomtheus 3.16-17 steht geschrieben: Dem gottlosen Geschwätz aber geh aus dem Weg. Denn solche Menschen geraten immer tiefer in die Gottlosigkeit und ihre Lehre wird um sich fressen wie ein Krebsgeschwür."

Was sind die „Ich bin" Aussagen von Jesus?

Ich bin das Brot des Lebens....

Ich bin das Licht der Welt....

Ich bin die Tür der Schafe....

Ich bin der gute Hirte....

Ich bin die Auferstehung und das Leben....

Ich bin der Weg, die Wahrheit und das Leben....

Ich bin der wahre Weinstock....

Dies kann man alles im Johannes Evangelium nachlesen.

Warum musste Jesus auf die Erde kommen?

Jesus kam auf die Erde, weil die Menschheit von Gott getrennt war. Wir befanden uns in einem gefallenen, sündigen Zustand. Wir waren als Menschen völlig unfähig, uns selbst zu erlösen. Das Christentum besteht darin, dass Gott sich nach den Menschen ausstreckt und zu ihnen herabstieg, um sich mit ihrer Sünde zu identifizieren.

Wie komme ich zu Gott?

Es gibt nur einen Weg zu Gott durch Jesus Christus! Jesus spricht: „Ich bin der Weg und die Wahrheit und das Leben. Niemand kommt zum Vater als nur durch mich." (Johannes 14,6)

Muss ich meine Sünden beichten?

Jesus hat alle Sünden für uns getilgt, am Kreuz von Golgatha. Wenn du dein Leben Gott gibst, dich von Sünde abwendest und Jesus als Herrn bekennst, dann wirst du gerettet.

Was müssen wir tun, um gerettet zu werden?

Petrus gab eine klare Antwort auf diese Frage: "Tu Buße, und jeder von euch lasse sich taufen auf den Namen Jesu Christi zur Vergebung eurer Sünden! Und ihr werdet die Gabe des Heiligen Geistes empfangen."

Wird Jesus wiederkommen?

Ja, die Bibel verkündet eine „lebendige Hoffnung". Jesus wird wiederkommen, um alle, die zu Ihm gehören, in den Himmel zu sammeln. Auf die Wiederkunft Christi können sich alle Christen freuen, denn Christus wird wiederkommen und uns mit in den Himmel nehmen.

Schafft Gott einen neuen Himmel und eine neue Erde?

Am Ende wird Gott einen neuen Himmel und eine neue Erde errichten. Alle Christen werden mit Gott in dieser neuen Welt leben. Gott selbst wird das Licht seines Volkes sein in Ewigkeit.

Was verspricht Jesus seinen Jüngern?

Glaubt an Gott und glaubt an mich. Er ging, um einen Platz vorzubereiten, dann kommt er wieder und wird uns holen, damit auch wir dort sind, wo er ist.

Aus was besteht der Mensch?

Der Mensch besteht aus folgender Trinität und wichtig ist diese Reihenfolge:
- *Geist*
- *Seele*

- *Körper*

Der Mensch ist Geist, hat eine Seele und wohnt in einen Körper. Im Vergleich mit dem Computer könnte man sagen, Geist ist das Betriebssystem, Seele ist die Software und Körper ist die Hardware. Nur wenn alles kompatibel ist, funktioniert man.

Was für eine Aufgabe hat der Heilige Geist?

Der Heilige Geist ist dein ständiger Begleiter. Der Heilige Geist kann überall bei Gottes Volk weltweit sein. Der Heilige Geist überführt die Welt von Sünde, Gerechtigkeit und Gericht. Der Heilige Geist wird uns zukünftige Dinge zeigen. Der Heilige Geist führt dich um Hindernisse herum. Der Heilige Geist wird dich führen und leiten. Der Heilige Geist wird dir Gottes Weisheit mitteilen. Der Heilige Geist bewirkt, dass eine Person von Neuem geboren wird. Keiner kann gerettet werden, ohne dass der Heilige Geist in ihm wohnt.

Warum konnte Jesus Christus erst Wunder ab dem 30. Lebensjahr vollbringen?

Jesus Christus wurde von Johannes dem Täufer im Fluss Jordan getauft. Eine Taube in Form des Heiligen Geistes kam auf ihn herab und durch den Empfang des Heiligen Geistes konnte er danach auch seine vielen Wunder und Heilungen vollbringen.

Wie kann der Heilige Geist dir helfen, zu beten?

Durch seine eigene Sprache, der sogenannten Zungensprache. Man nennt diese Sprache auch die Sprache des Heiligen Geistes.

Warum nannte Jesus den heiligen Geist öfters den Geist der Wahrheit?

Der Heilige Geist ist mit seiner Wahrheit in jedem. Er wird dich in Wahrheit führen und leiten. Wir werden erfüllt von Wahrheit durch den Heiligen Geist. Er ist die Wahrheit und unser Helfer. Von ihm werden Ströme lebendigen Wassers der Wahrheit fließen.

Welche Handlungen, die wir im Glauben befolgen sollen, gibt es?

- *Wassertaufe*
- *Salbung mit Öl*
- *Abendmahl*
- *Handauflegung*

Wie taufte Johannes die Menschen?

Johannes taufte die Menschen mit Wasser. Er sagte aber: „Es wird einer kommen der Stärker ist als ich, und ich bin nicht würdig, Ihm den Riemen seiner Sandalen zu lösen; Er wird euch mit Heiligem Geist und Feuer taufen."

Warum ist eine Erwachsenentaufe sehr wichtig?

Zuerst kommt Errettung durch Glauben und dann die Taufe. Ein kleines Kind kann das noch gar nicht verstehen um was es geht.

Wenn wir ungläubig in die Taufe gehen, dann kommen wir nur als nasser Sünder heraus, denn das Wasser rettet uns nicht.

Warum Salbung mit Öl?

Die Jünger Jesu salbten Kranke mit Öl, damit sie geheilt werden. Salbung mit Öl steht im Neuen Testament immer in Verbindung mit Heilung.

Warum Abendmahl?

Im Abendmahl proklamieren wir, was Jesus durch Seinen Tod für uns vollbracht hat. Im Abendmahl bezeugen wir äußerlich unseren inneren Glauben, den wir an das Opfer Jesu haben.

Was für zwei Elemente vom Abendmahl gibt es?

- *Der Wein repräsentiert das Blut Christi, das vergossen wurde, um uns von Sünde zu reinigen und unsere Seele zu retten.*
- *Das Brot repräsentiert Jesu Leib, den Er für unsere Heilung gab.*

Warum Handauflegung?

Handauflegung wird als grundlegende Lehre Christi bezeichnet. Sechs Gründe für das Auflegen von Händen sind:
- *Auflegen der Hände zur Heilung*
- *Auflegen der Hände zum Empfang des Heiligen Geistes*
- *Wir können Gläubigen die Hände auflegen, damit sie den Heiligen Geist empfangen*
- *Auflegen der Hände zum Übertragen eines Amtes*
- *Auflegen der Hände zum Einsetzen in den christlichen Dienst*
- *Auflegen der Hände zum Austeilen von Segen*

Gehören Glauben und Religion zusammen?

Nein, Religion kann dich nicht erlösen. Nur der Glaube an Jesus Christus kann dich erretten. Religion greift zu sehr in die Natur Gottes ein. Christ sein ist keine Religion und hat auch nichts zu tun mit einer Religion. Gott ist nicht religiös und Jesus Christus auch kein Religionsgründer. Jesus Christus hat das Reich Gottes auf diese Erde gebracht. Unter den 12 Aposteln war kein einziger Schriftgelehrter. Jesus konnte die religiösen Leute in den engsten Kreisen nicht brauchen. Zu den Schriftgelehrten und Pharisäern sagte er: „Ihr Heuchler, ihr Natterngeflecht, ihr Schlangenbrut, ihr seid des Teufels." Betrachten wir einmal 2. Petrus 1,4. Dieser Vers gibt uns Einblick, wie man dem Verderben, das in dieser Welt ist, entfliehen kann: „>>> durch die er uns die kostbaren und größten Verheißungen geschenkt hat, damit ihr durch sie Teilhaber der göttlichen Natur werdet, die ihr dem Verderben, das durch die Begierde in der Welt ist, entflohen seid." Diese Verheißungen veranlassen uns, dem Verderben der Welt zu entfliehen. Der Begriff Welt bezieht sich auf das „irdische System." In dieses System ist Religion einbezogen. Wenn wir uns dem Weltsystem zuwenden, der Ansicht der Welt, ihrer Art und Weise zum Erfolg zu kommen, dann haben wir uns von Gott und seinem Wort abgewendet. Wenn wir, anstatt Gott zu vertrauen, die Verheißungen dadurch zu erlangen versuchen, dass wir entsprechend einem religiösen System oder irgendeinem anderen handeln, wird das Verderben, das auf dieser Erde ist, folglich bei uns verderben. Viele Menschen, die von Gott gerufen werden, wenden sich von Gott ab und versuchen, ihre Berufung mithilfe des Weltsystems zu erfüllen. Weil sie nicht tatsächlich auf Gott vertrauen, trachten sie danach, durch Verwendung ihrer Pläne und Entwürfe, seine Verheißungen Wirklichkeit werden zu lassen. Das ist genauso gottlos wie jede Art von Sünde. Jeder Unglaube ist böse. Jeder Unglaube leugnet entweder, dass Gott uns die Verheißung gegeben hat, oder er bestreitet, dass Jesus allein uns dafür qualifiziert, die Verheißung zu empfangen. Entscheidend ist, auf welches System du dein Vertrauen setzt: Auf das Weltliche oder das Göttliche? Es gibt genügend Beweise dafür, dass Gott und Religion nicht zusammengehören. Auch einschlägige Literatur hilft uns dabei dies voneinander zu trenne und den Unterschied zu erkennen. Ich empfehle das Buch von Karl Pils „Gott ist nicht religiös". Hier zeigt der Autor den entscheidenden Unterschied zwischen Religion und Reich Gottes, den viele Menschen noch nicht kennen. Religion kommt aus der Finsternis, Reich Gottes aber ist das Licht, das jede Finsternis vertreibt.

Kapitel 2
Übernatürliches Leben & Heilung

Was sind die 3 Gaben des Heiligen Geistes?

- *Wort-Gaben*
- *Offenbarungs-Gaben*
- *Gaben der Kraftwirkung*

Was sind die drei Gaben der sprachlichen Inspiration?

- Sprachengebet
- Auslegung des Sprachengebets
- Prophetie

Was sind die drei Offenbarungsgaben?

- Unterscheiden zwischen den Geistern
- Wort der Erkenntnis
- Wort der Weisheit

Was sind die drei Kraftgaben?

- Gaben des Glaubens
- Gaben der Heilung
- Gabe des Wunderwirkens

Was ist die Zungenrede?

Der Mensch spricht zu Gott oder Gott spricht zum Menschen. Alle Geist-erfüllten Christen, die die Sprachenrede als Beweis der empfangenen Geistestaufe erlebt haben, sollten täglich in ihrer übernatürlichen Sprache des Lobpreises mit Gott reden oder Ihm darin singen.

Was versteht man unter Prophetie?

Gott spricht durch die Gabe der Prophetie. Die Wort-Gaben werden immer Kraft, Ermutigung und Trost bringen, nicht Verdammnis. Wer prophetisch redet, redet zu den Menschen zur Erbauung, Ermahnung und Tröstung. Die Botschaften, die durch die Gabe der Prophetie kommen, unterliegen der Fehlbarkeit des Menschen, und dürfen deshalb nie derselben Autorität wie der Heiligen Schrift, beigemessen werden. Sie müssen von den Zuhörern beurteilt werden, ob es sich um eine wahre und zuverlässige Botschaft Gottes handelt oder nicht.

Was versteht man unter Auslegung der Zungenrede?

Lobpreis zu Gott im Sprachengebet bedarf keiner Auslegung. Wenn Gott aber zu den Gläubigen durch Sprachengebet redet, muss es ausgelegt werden, entweder durch den, der die Botschaft in Sprachen weitergibt, oder von jemand anders.

Wie unterscheide ich zwischen den Geistern?

Dies ist wahrscheinlich die am meisten benötigte Gabe des Heiligen Geistes, die aber am meisten vernachlässigt wird. Jesus warnte: „Denn es werden falsche Christusse und falsche Propheten aufstehen und werden große Zeichen und Wunder tun, um, wenn möglich auch die Auserwählten zu verführen." Wir werden nicht verführt, wenn wir lernen, wie wir in dieser wichtigen Gabe des Heiligen Geistes wirken. Oft sind dämonische

Geister der Schwachheit die Wurzel-Ursache für die Krankheit oder Leiden einer Person.

Was meint man unter dem Wort der Erkenntnis?

Das Wort der Erkenntnis ist eine übernatürliche Offenbarung des Heiligen Geistes von bestimmten Tatsachen der Gegenwart oder der Vergangenheit, über eine Person oder Situation, die man nicht durch den natürlichen Verstand gewonnen hat. Diese Erkenntnis erreicht unseren Verstand über unseren Geist. Es unterbricht häufig die natürlichen Gedanken unseres Verstandes.

Was ist die Definition für das Wort der Weisheit?

Die Gabe des Wortes der Weisheit ist eine übernatürliche Offenbarung des Heiligen Geistes, die dem Gläubigen Gottes Weisheit gibt, wie er in einer Situation handeln soll. Es offenbart Gottes Plan und Absicht für unser Leben und unseren Dienst. Das Wort der Weisheit wirkt oft zusammen mit dem Wort der Erkenntnis. Das Wort der Weisheit ist keine natürliche Gabe.

Was ist die Definition für das Wirken von Wundern?

Das Wirken von Wundern ist ein übernatürliches Eingreifen in den gewöhnlichen Lauf der Natur; eine übernatürliche Demonstration der Kraft Gottes, durch welche die Naturgesetze verändert, außer Kraft gesetzt oder kontrolliert werden.

Was sind die Voraussetzungen für Heilungen und Wunderwirkungen?

Jeder Gläubige muss in den Gaben der Heilungen trainiert werden, damit er in allen Offenbarungs- und Kraftgaben des Heiligen Geistes wirken kann.

Was versteht man unter Missionsbefehl bei den Heilungen?

Als Jesus sich vorbereitete, die Erde zu verlassen, um zu Seinem Vater zurückzukehren, versammelte Er Seine Gläubigen auf dem Ölberg, und gab ihnen ihre letzten Anweisungen. Diese nennen wir den „Missionsbefehl". Der Missionsbefehl gilt für jeden Gläubigen. Dieser Befehl galt nicht nur für die ersten Apostel. Er wurde nicht nur für diejenigen gegeben, die im fünffältigen Dienst als Apostel, Propheten, Pastoren, Lehrer und Evangelisten tätig sein würden, sondern für jeden Einzelnen von uns.

Was ist die heilende Kraft in Jesus?

Das Wort „Kraft", das in Markus 5,30 verwendet wird, ist das griechische Wort „dynami". Es ist dasselbe Wort, von dem wir unsere Worte „dynamisch", „Dynamo" oder „Dynamit" ableiten. Es war das ausdrucksstärkste Wort für explosive Sprengkraft in der griechischen Sprache. Dasselbe griechische Wort wird in Lukas 4,14 für Jesus verwendet, nachdem der Heilige Geist im Jordan-fluss auf Ihn gekommen war. „Und Jesus kehrte in der Kraft (dunamis) des Geistes nach Galiläa zurück." (Lukas 4,14). Als der Heilige Geist auf Jesus herabkam, wurde Er mit der „dynami" Kraft Gottes gefüllt. „Johannes bezeugte und sprach: Ich sah den Geist wie eine Taube aus dem Himmel herabfahren, und Er blieb auf ihm." (Johannes 1,32).

Was ist der Schalter des Glaubens?

Viele haben sich schon gefragt: „Wenn ich all diese Kraft in mir habe, warum werden nicht mehr Menschen geheilt? Warum erlebe ich nicht mehr Wunder in meinem Leben?" Genau wie es heute möglich ist, in einem Raum im Dunkeln zu sitzen, der elektrisches Licht hätte, so sitzen heute viele in Dunkelheit, ohne die Kraft zu kennen, die in ihnen steckt. Jemand muss nur den Schalter umlegen und die Kraft fließen lassen. Der „Glaube" ist dieser Schalter!

Wenn wir mit Heilung dienen, sollten glaubensvolle Worte gesprochen werden. Welche dieser Worte sind sinnvoll?

- Wir sollen im Namen Jesus sprechen!
- Wir sollen Geistern der Schwachheit gebieten, auszufahren!
- Wir sollen schöpferische Wunder aussprechen!
- Wir sollen Gottes Wort sprechen!
- Ein Glaube, der mutig spricht und handelt, ist der Schalter, der die Kraft zum Fließen bringt!

Wem wurde das Recht gegeben, die Autorität des Namens Jesus auszuüben?

Jedem Geist erfüllten Gläubigen hat Jesus das Recht gegeben, die Autorität des Namen Jesus in Anspruch zu- nehmen. Wir senden das Wort, indem wir das Wort mutig aussprechen.

Was sind Hindernisse für Heilung?

Die Kraft Gottes kann nur fließen, wenn keine Zweifel und Unglauben vorhanden sind. Häufig, wenn wir Kranken mit Heilung dienen, stoßen wir auf Zweifel und Unglauben, wie Jesus in Nazareth, wo er keine Wunder tun konnte. Wir müssen uns zuerst mit Zweifel und Unglauben befassen, damit wir in einer Atmosphäre des Glaubens dienen können. Einmal schickte Jesus die Zweifler aus dem Raum. Zuerst muss so viel Zeit sein, Glauben aufzubauen und ihn zu festigen. Dies geschieht durch die Lehre darüber, was das Wort Gottes aussagt. Auch Zeugnisse von Mitbrüdern und Schwestern, wenn sie geheilt wurden, helfen, den Glauben zu vertiefen. Wir können Fehlschläge vermeiden, wenn wir uns Zeit nehmen, auf das Wort der Erkenntnis und der Weisheit zu hören, bevor wir mit dem Dienst beginnen. Wir müssen im Glauben feststehen. Manchmal sehen wir keine sofortige Veränderung in den Symptomen einer Person. Dann ist es wichtig, der Person zu helfen, sich nicht entmutigen zu lassen und den Glauben an die Heilung nicht zu verlieren. Der Schreiber des Hebräerbriefs schrieb: „Denn wir sind Teilhaber des Christus geworden, wenn wir die anfängliche Zuversicht bis zum Ende standhaft festhalten."

Du musst ein Glaubender sein und kein Zweifler.

In der Apostelgeschichte 4.9-12 steht: „Heilung muss als Teil der Erlösung gepredigt werden, und Menschen müssen glauben, damit sie Heilung empfangen können."

Im Römerbrief 10.9-10 lesen wir: „Denn wenn du mit deinem Mund bekennst, Jesus ist der Herr und in deinem Herzen glaubst, Gott hat ihn von den Toten auferweckt, so wirst du gerettet werden. Wer mit dem Herzen glaubt und mit dem Munde bekennt, wird Gerechtigkeit und Heil erlangen."

Kapitel 3

Das Neue Testament

Warum wurde die Bibel geschrieben?

„Um uns weise zu machen, zur Rettung durch Glauben an Jesus."

Was ist die Grundlage des Neuen Testaments?

Das Wort „Testament" bedeutet Bund oder Vereinbarung, zwischen Gott und Mensch. Die alte Vereinbarung wurde abgelöst durch die neue Vereinbarung. Es ist ein Testament der Gnade.

Was sind die Bücher des Neuen Testaments?

Historische Bücher (Die vier Evangelien und die Apostelgeschichte)
Lehrbücher (Die 21 Briefe der Apostel Jesu)
Prophetische Bücher (Die Offenbarung)

Welche zwei Gruppen von Evangelien gibt es?

Es gibt die synoptischen Evangelien. Matthäus, Markus und Lukas.
Sie haben die gleiche Gliederung des Lebens von Jesus.
Es gibt das vierte Evangelium. Johannes.
Es enthält 92% einzigartiges Material mit weiteren Erklärungen.

Einige Wunder die Jesus vollbrachte?

- *Er verwandelte Wasser zu Wein*
- *Essensvermehrung für 5000 Leute*
- *Heilung des Blindgeborenen*
- *Auferweckung Lazarus vom Tode*
- *Heilung vieler Gelähmten*

Wer schrieb die Apostelgeschichte?

Lukas, ein heidnischer Arzt, der das Lukas Evangelium verfasste, schrieb auch die Apostelgeschichte.

Wie kommt das Reich Gottes auf die Erde?

Durch die Verkündigung der guten Nachricht des Reiches Gottes auf der Erde.

Welche drei wesentlichen Merkmale gibt es, damit wir die Verheißung des Vaters empfangen?

- *Erfüllung mit dem Geist*
- *Geführt werden vom Geist*
- *Einssein mit dem Geist*

Wer schrieb die Römerbriefe?

Paulus schrieb der Gemeinde in Rom. Er nahm diese Gelegenheit zum Anlass, das Evangelium der Gnade zu erklären, dass er Juden und Griechen in den letzten 20 Jahren auf seinen drei Missionsreisen gepredigt hatte.

Wie viele Jahre predigte Paulus das Evangelium schon, bevor er den Brief an die Römer schrieb?

20 Jahre lang

Wer schrieb die Briefe 1. & 2. Korinther und Galater?

Diese Briefe beschäftigen sich mit dem Evangelium der Gnade. Alle drei Briefe wurden vom Apostel Paulus an die Gemeinden gesandt, die er mit Mitarbeitern in Griechenland und der Türkei gegründet hatte.

Was ist der Hintergrund für die Briefe an Epheser, Philipper, Kolosser und Philemon?

Weil sein Leben gefährdet war, bestand Paulus darauf, seinen Fall vor dem Kaiser in Rom zu verteidigen, was sein Recht als römischer Bürger war. Während der Zeit, als Paulus auf den Prozess in Rom wartete, schrieb er diese vier Briefe. Der Anlass der Briefe waren persönliche Kontakte, die Paulus zu Gläubigen in Griechenland und der westlichen Türkei hatte.

Was sind die Schwerpunkte in den jeweiligen Briefen?

- *Epheser: In Christus sind alle Gläubigen eins*
- *Philipper: Freut euch im Herrn allezeit*
- *Kolosser: Jesus Christus ist alles, was du brauchst*
- *Philemon: Sklaverei durch Christus verwandelt*

Mit welchen sieben Dingen sind Gläubige in Christus gesegnet?

- *Er hat uns mit allem Segen seines Geistes gesegnet*
- *Er hat bestimmt, dass wir seine Söhne werden durch Jesus Christus*

- *Er hat uns reich beschenkt in aller Weisheit und Einsicht*
- *In ihm sind wir auch als Erben vorherbestimmt*
- *Wir sind zum Lob seiner Herrlichkeit bestimmt*
- *Gott hat uns zusammen mit Christus lebendig gemacht*
- *Denn aus Gnade sind wir durch den Glauben gerettet*

Warum schrieb Paulus den Brief an die Kolosser?

Paulus schrieb einen Brief an die Kolosser, um sie zu ermutigen und ihnen zu helfen, die Fülle, die sie in Christus haben zu verstehen und um ihnen mitzuteilen, dass Philosophie, religiöse Regeln und Engel-Anbetung unnötig sind.

Welche Briefe an Leiter von Gemeinden gibt es noch?
- *1.&2. Thessalonicher*
- *1.&2. Timotheus*
- *Titus*

Was sind die Schwerpunkte in den jeweiligen Briefen an die Leiter?
- *1.Thessalonicher: Trost durch die Wiederkunft des Herrn*
- *2.Thessalonicher: Korrektur über die Wiederkunft des Herrn*
- *1.Timotheus: Die Anweisungen von Paulus, die Gemeinden in Ephesus zu stärken*
- *2.Timotheus: Letzte Anweisungen des Paulus an Timotheus*
- *Titus: Anweisungen zur Stärkung der Gemeinden auf Kreta*

Welche allgemeinen Briefe an Gläubige gibt es noch?

Da der Ort der Empfänger nicht immer klar ist, sind diese Briefe nach ihren Autoren benannt, statt nach ihren Empfängern. Deshalb werden die sieben Briefe – Jakobus, 1. und 2.Petrus, 1.2. und 3. Johannes und Judas – allgemeine Briefe genannt, da sie sich ganz allgemein an alle Christen richten. Da der Verfasser des Hebräerbriefs unklar ist, wurde er weder bei den Briefen von Paulus noch bei den allgemeinen Briefen eingeordnet.

Was sind hier die Schwerpunkte in diesen allgemeinen Briefen?

- *Hebräerbrief: Christus, der bessere Weg*
- *Jakobusbrief: Glaube handelt*
- *1.Petrusbrief: Leide wegen recht Tun, nicht wegen Bösem*
- *2.Petrusbrief: Wachse in der Gnade und du wirst nicht fallen*
- *1.Johannesbrief: Hierdurch sollt ihr wissen, dass ihr ewiges Leben habt*
- *2.und 3.Johannesbrief: Erweist nur denen Gastfreundschaft, die Wahrheit lehren*
- *Judasbrief: Kämpft für den Glauben*

Was sind gemäß dem 1.Johannesbrief die drei Tests, durch die ein Gläubiger wissen kann, dass er ewiges Leben hat?

a. *Wenn wir seine Gebote halten*

b. *Aus dem Tod in das Leben gekommen, weil wir die Brüder lieben*

c. *Jeder Geist, der bekennt, dass Jesus Christus in Fleisch gekommen ist*

Was sind die wichtigsten Informationen im 1.Thessalonicher Brief?

Paulus gründete die Gemeinde in der Stadt Thessalonich in der Mitte von Griechenland auf seiner zweiten Missionsreise. Aufgrund der Opposition durch die Juden, musste Paulus die Gemeinde früher verlassen als geplant. Dadurch kam es, dass die Opposition gegen Paulus sich gegen die neu gegründete Gemeinde wendete. Paulus war so besorgt, dass die jungen Gläubigen der Verfolgung nicht standhalten konnten, dass er Timotheus zurücksandte, um zu erfahren, wie es ihnen geht. Als Timotheus mit einem positiven Bericht zurückkehrte schrieb Paulus seinen Brief, in dem er seine große Freude über ihre Standhaftigkeit ausdrückte. Er tröstete sie auch, indem er die Thessalonicher versicherte, dass sogar jene, die sterben mussten, die Wiederkunft Jesu nicht verpassen würden. Diejenigen, die im Herrn starben, werden zuerst auferstehen, wenn er wiederkommt. Danach werden wir, die wir leben, mit ihnen entrückt und allezeit beim Herrn sein. Obwohl wir um des Evangeliums willen verfolgt werden, werden wir von dem kommenden Zorn verschont.

Was sind die wichtigsten Informationen im 2.Thessalonicher Brief?

Wegen des Missverständnisses über den Zeitpunkt der Wiederkunft Christi, schrieb Paulus den 2. Brief an die Thessalonicher. Ganz gleich was eine Prophetie, ein Bericht oder ein angeblicher Brief von Paulus auch behauptet: Der Tag des Herrn wird sich nicht ereignen, bevor nicht der Mann der Gesetzlosigkeit offenbar wurde. Das wiederum wird nicht geschehen, bevor nicht das, was ihn noch zurückhält, entfernt wird. Gott ist gerecht, die zu bestrafen, die die Gemeinde verfolgen. Das schließt den Mann der Gesetzlosigkeit mit ein und diejenigen, die er verführt; also jene, die sich weigern, die Wahrheit zu lieben, aber Freude am Bösen haben. Aber ihr, die ihr glaubt, seid dazu bestimmt, gerettet zu werden und an der Herrlichkeit unseres Herrn Jesus Christus durch das Werk von Gottes Geist und den Glauben an der Wahrheit teilzuhaben.

Was gibt Jesus in der Offenbarung für eine Botschaft an die sieben Gemeinden?

1. *Ephesus: Kehre zurück zu deiner ersten Liebe! (Offb.2,4-5)*
2. *Smyrna: Sei treu bis in den Tod! (Offb.2,10)*
3. *Pergamon: Lehne Kompromisse ab! (Offb.2,14)*
4. *Thyatira: Kehre um von deiner Unmoral! (Offb.2,21-22)*
5. *Sardes: Wache auf und lebe! (Offb.3,1-2)*
6. *Philadelphia: Halte fest, was du hast! (Offb.3,11)*
7. *Laodizea: Öffne deine Tür, damit Christus deine Leidenschaft neu entzünden kann. (Offb.3,20)*

Was steht in den Kapiteln 17-20 in der Offenbarung?

- *Babylon, das Königreich Satans, zerfällt. (Offb. 18,19-21)*
- *Mit den Armeen des Himmels kehrt Jesus Christus als König der Könige und Herr der Herren zurück, um seine Feinde zu vernichten. (Offb. 19,11-16)*
- *Das Tier (der Antichrist) und der falsche Prophet werden in den Feuer See geworfen. (Offb. 19,20)*
- *Satan wird für 1000 Jahre gebunden, nach denen auch er in den Feuer See geworfen wird. (Offb. 20,7-10)*

Was steht in den Kapiteln 21-22 in der Offenbarung?

- *Gottes Wohnung ist bei den Menschen und er lebt mit ihnen. Sie werden sein Volk sein und er ist ihr Gott. (Offb. 21,1-3)*
- *Sie werden sein Angesicht sehen und sein Name wird auf ihre Stirn geschrieben sein. (Offb. 22,4)*
- *Gott macht alle Dinge neu*
- *Ein neuer Himmel und eine neue Erde ersetzen den ersten Himmel und Erde, da Gottes Herrlichkeit den Mond und die Sonne ersetzt. (Offb. 21,1+23)*
- *Es gibt keinen Tod, Wehklagen oder Schmerz mehr. (Offb. 21,4)*
- *Das Paradies ist wiederhergestellt. Alle Nationen haben Zugang zum Baum des Lebens. (Offb. 22,1-2)*
- *Gottes Volk regiert mit ihm in Ewigkeit (Offb. 22,5)*

Kapitel 4
Lobpreis & Anbetung

Warum beten wir Gott an?

Weil wir wissen, wer er ist: Der Schöpfer. Er ist unserer Anbetung würdig, aufgrund seiner Allmacht und Größe, seiner Einzigartigkeit und Heiligkeit. Er hat uns erschaffen, deshalb beten wir ihn an. Er hat uns errettet, deshalb beten wir ihn an.

Warum ist die Verwendung von Musik ein Dienst, den Gott angeordnet hat?

Folgende Bibelstellen weisen daraufhin: „Und der stellt die Leviten auf im Haus des Herrn, mit Zimbeln, mit Harfen und mit Zithern, nach dem Befehl Davids und Gads, der Seher des Königs, und des Propheten Nathan; denn der Befehl war durch den Herrn, durch seine Propheten ergangen." (2 Chronik 29,25)

„Jubelt Gott zu, unserer Stärke! Jauchzt dem Gott Jakobs! Habt an den Gesang, und lasst das Tamburin ertönen, die liebliche Zither samt der Harfe!"
(Psalm 81,2-3)

Warum begehrt Gott neue Lieder?

Die Bibel fordert uns auf, „neue" Lieder zu singen. „Singt dem Herrn ein neues Lied, seinen Ruhm vom Ende der Erde!"
(Jesaja 42,10)
„Neu" bedeutet eine frische Sache (es ist ein Original).

Wem wird geboten, dem Herrn zu singen?

Die zu ihm gehören sollen darüber jubeln und selbst noch im Bett fröhlich singen.

Wo sollten sie dem Herrn singen?

Sie sollten selbst noch im Bett fröhlich dem Herrn singen.

Was ist der Inhalt ihres Liedes?

Sie sollten ihre Stimme erheben und Gott loben.

Was waren die Auswirkungen der Lieder im Alten Testament?

An den gottlosen Völkern Vergeltung zu üben und sein Strafgericht an ihnen zu vollziehen.

Was sollte heute unser Ziel in einem Anbetungsgottes-dienst sein?

Unser Ziel in einen Anbetungsgottesdienst ist nicht, einfach nur Lieder zu singen, sondern in seine Gegenwart zu treten. Das neue Lied ist ein Schlüssel dazu. Erlaube Zeit, damit Leute ihre eigenen Lieder zum Herrn singen können. Es ist ein intimer und persönlicher Ausdruck. Das neue Lied war Bestandteil jeder Erweckung.

Welche Rolle spielt der Heilige Geist im Leben des Gläubigen, insbesondere in Bezug auf Anbetung?

Der Heilige Geist ist ein singender Geist. Er möchte durch mich singen. Wenn der Heilige Geist überfließt, dann will er singen.

Geist erfüllte Lieder sind ein Zeichen von Fülle des Geistes. Wenn du voll heiligen Geist bist, bist du auch voll von Gesang. Wir beten durch den Geist Gottes an. Der Heilige Geist lässt Ströme lebendigen Wassers fließen.

Wie können wir mehr Intimität mit Jesus Christus entwickeln?

Maria setzte sich dem Herrn zu Füßen und hörte seinen Worten zu. (Lukas 10, 38-42)

Was bedeutet es, Gott von ganzem Herzen anzubeten?

Ein Anbeter muss eine heilige Leidenschaft für Jesus haben.

Was ist die erste Voraussetzung, die wir erfüllen müssen, um wahrhaft anbeten zu können?

Unsere Anbetung soll dem Wohlgefallen Christi dienen. Unsere Verantwortung ist Gott zu antworten. Anbetung ist Beziehung zu Gott.

Zwei wesentliche Gründe, warum uns Anbetung Gottes nicht freigestellt ist, bzw. warum wir Gott anbeten müssen!

- *Er schuf uns und als seine Geschöpfe müssen wir ihn anbeten.*
- *Er starb für uns, und als unser Retter hat er unsere Anbetung verdient.*

8 wesentliche Dinge die Anbetung von ganzem Herzen umfassen!

1. Anbetung von ganzem Herzen ist extrem.

2. Anbetung von ganzem Herzen erfordert Gefühle.

3. Anbetung von ganzem Herzen erfordert Begeisterung.

4. Anbetung von ganzem Herzen erfordert Aussprechen.

5. Anbetung von ganzem Herzen erfordert Anstrengung.

6. Anbetung von ganzem Herzen erfordert ein Vorbild.

7. Anbetung von ganzem Herzen erfordert Erwartung.

8. Anbetung von ganzem Herzen soll verschwenderisch sein.

Wie sieht wahre Anbetung aus?

Anbetung kommt nicht von einer Lobpreisband oder Instrumenten. Anbetung fängt nicht auf dem Podium oder in der Gemeinde an. Anbetung beginnt im Herzen jedes einzelnen Gläubigen. Gott ist viel mehr am Zustand unseres Herzens interessiert als an der Position unserer Hände. Er ist mehr am persönlichen Lobpreis seines Volkes interessiert als am öffentlichen Lobpreis oder an Persönlichkeiten auf der Bühne.

Gott sieht jedes Herz an!

Was ist die Perspektive eines wahren Anbeters?

1. Anbeter verbringen Zeit in Gottes Gegenwart.

2. Anbeter wollen Gott nahekommen.

3. Sie nehmen sich Zeit für innigste Gemeinschaft mit dem Herrn.

4. Je mehr wir als Anbeter, Gott anbeten, umso mehr begegnen wir Gott, und umso mehr wollen wir auch anbeten.

5. Anbeter versuchen dem Herrn in allem, was sie tun, zu gefallen.

Welche Eigenschaften haben wahre Anbeter?

- *Anbeter haben ein ungeteiltes Herz*
- *Anbeter sind kein Teil der Welt*
- *Anbeter sind ausdrucksstark*
- *Anbeter sind konzentriert*
- *Anbeter lösen Anbetung in anderen aus*
- *Anbeter sind emotional*

Was ist der erste Schritt, ein beständiges Leben im Lobpreis zu führen?

Anbetung fängt bei jedem Einzelnen an. Unser Lobpreis und Anbetung sollen ständig sein. Lobpreis soll privat und öffentlich geschehen. Die Frage ist nicht wo oder wann, sondern wen wir anbeten und wie. Wann und wie wir Ihn preisen, hängt nicht von unserer Umgebung oder gegenwärtigen Situation ab.

Warum lösen Anbeter Anbetung in anderen aus?

Anbeter sind ansteckend. Wegen ihrer Auslieferung an Gott und ihres übermäßigen Ausdrucks entzünden sie Leidenschaft in anderen. Wir alle wollen Anbetung so erleben und ausdrücken, wie sie es tun.

Warum sind Anbeter emotional?

Gott von ganzer Seele zu lieben, schließt unsere Gefühle ein. Der Herr erfreut sich an Anbetung, die voller Gefühl ist. Anbeter haben die Freiheit ihre Gefühle zu erleben und sie auch auszudrücken. Unsere Anbetung sollte nicht introvertiert und intellektuell sein, sondern erfahrbar, ausdrucksstark, voller Wärme und Leben, von ganzem Herzen kommend und gefühlvoll.

Warum sind Anbeter ausdrucksstark?

Unser Körper ist die Quelle unserer physischen Kraft. Gott hat Gefallen an ganzer Hingabe unseres Leibes. Wir sollen Gott in und mit unserem Körper verherrlichen. „Du sollst den Herrn, deinen Gott lieben mit ganzen Herzen, mit ganzer Hingabe und mit all deiner Kraft. (Lukas 10,27).

Warum sind Anbeter konzentriert?

Liebe ist das Wesentliche in der Anbetung. Anbeter preisen Gott mit ihrem ganzen Verstand. Sie konzentrieren sich während der Anbetung auf Gott, und lassen ihren Verstand nicht abschweifen.

Warum lösen Anbeter Anbetung in anderen aus?

Anbeter sind ansteckend. Wegen ihrer Auslieferung an Gott und ihres übermäßigen Ausdrucks entzünden sie Leidenschaft in anderen. Wir alle wollen Anbetung so erleben und ausdrücken, wie sie es tun. „Anbetung ist in seiner Bestform der Ausdruck eines ganzen Lebens. Unsere Anbetung ist nur so kraftvoll wie unser Leben. "

Kapitel 5

Die Furcht des Herrn

Was bringt uns die Furcht des Herrn?

Es ist der Beginn der Weisheit und der Anfang für eine intime Beziehung mit Gott.

Wichtige Bibelstellen, warum Gott in uns wohnt und lebt?

- *Du bist der Tempel des lebendigen Gottes. (2.Korinther 6,16)*
- *„Geht nicht unter fremdartigem Joch mit Ungläubigen." (2.Korinther 6,14)*
- *„Denn welche Gemeinschaft hat Licht mit Finsternis? ... und welchen Zusammenhang der Tempel Gottes mit den Götzen?"*
  (2.Korinther 6. 14-15)
- *„Ich will unter ihnen wohnen und wandeln, und ich werde ihr Gott sein, und sie werden mein Volk sein!" (2.Korinther 6,16)*

Was ist der Unterschied zwischen Angst vor Gott und Furcht des Herrn?

- *Die Bibel sagt, uns wurde kein Geist der Furcht gegeben, dass wir Angst vor Gott haben müssten. (2.Timotheus 1,7)*
- *Der Mensch, der Angst hat, hat etwas zu verbergen.*
- *Adam versteckte sich vor Gottes Gegenwart.*
- *Der Mensch, der Gott fürchtet, hat nichts zu verbergen.*
- *Er hat nur davor Angst, von Gott entfernt zu sein.*

Warum ist dieser Unterschied zwischen Moses und den Israeliten?

Moses hatte eine Begegnung mit Gott am Berg Sinai, beim brennenden Busch. Israel hatte seine Chance der Begegnung mit Gott, wollte Ihm aber nicht begegnen, sondern floh.

Aus welchen Grund befreite dich Gott aus der Welt?

Gott will eine intime Beziehung mit dir haben. Das ist der Grund, weshalb du geschaffen wurdest. Gott setzte Adam in den Garten Eden, um eine innige Beziehung mit ihm zu haben. Gott sagt, dass er die letzten 2.000 Jahre wollte, dass wir uns selbst heiligen, um uns auf seine kommende Herrlichkeit vorzubereiten. Zu heiligen bedeutet: Gott befreite dich aus der Welt. Jetzt ist es deine Verantwortung, die Welt aus dir zu entfernen!

Was für ein Wunder erlebte das Volk Israel?

Das Volk Israel erlebte einige der großartigsten Wunder, die je eine Generation erlebt hat. Die Teilung des roten Meeres. Die große Bewahrung nach dem Passahlamm. Sie liebten die Atmosphäre der Wunder, aber sie konnten nicht mit seiner Herrlichkeit umgehen. Du kannst Sünde in einer Atmosphäre von Wundern verstecken und verheimlichen. Aber du kannst Sünde nicht in einer Atmosphäre von Gottes Herrlichkeit verstecken, weil hier alles offenbart wird. Sie hatten immer noch Ägypten in ihren Herzen und liebten immer noch die Welt. Als Gottes Herrlichkeit erschien, entlarvte es sie.

Was betet die Gesellschaft in den letzten Tagen an?

„Indem sie sich als weise ausgaben, sind sie zu Narren geworden und haben die Herrlichkeit des unvergänglichen Gottes verwandelt in das Gleichnis eines Bildes vom vergänglichen Menschen und von Vögeln und vierfüßigen und kriechenden Tieren." (Römer 1, 22-23).

Heute beten die Menschen keine vierfüßigen Tiere oder Vögel an. Was die Meisten anbeten ist das Selbst: den vergänglichen Menschen.

Wir schufen einen Jesus nach unserem Bilde und beten ihn an. Wir haben Jesus uns gleich gemacht: Er versteht unsere Rebellion und er versteht uns.

Aber das ist nicht der Jesus der Bibel. Jesus kam zu uns herab, um wie wir zu werden, damit er uns auf seine Ebene heraufheben könnte. Der Grund für Sünde unter heutigen Christen ist, dass sie das Gleiche tun, was Israel getan hat. Sie reduzierten Jesus auf ihre Ebene herab. Wann immer die Herrlichkeit Gottes reduziert wird, wird die Kirche fleischlicher. Die Israeliten wurden vollkommen fleischlich, nachdem das Kalb gefertigt war.

Warum will Gott, dass wir ihn innig kennenlernen?

„Die Furcht des Herrn ist der Anfang der Erkenntnis." (Sprüche 1, 7). Es ist der Anfang der Erkenntnis Gottes. Die Furcht des Herrn ist der Startpunkt, Gott intim zu kennen. *„Der Herr zieht ins Vertrauen, die ihn fürchten!"* (Psalm 25, 14). Du teilst deine Geheimnisse nur deinen intimen Freunden mit, nicht deinen flüchtigen Bekannten. Gott teilt seine Geheimnisse denen mit, die ihn fürchten. Zwei Männer im Alten Testament waren Freunde Gottes. Abraham und Moses.

Welche sind die zwei Gräben und Kräfte in unserem Leben?

- *Graben 1: Gesetzlichkeit*
  Religiöse Rituale und Äußerlichkeiten, durch die wir versuchen, eine Beziehung mit Gott zu haben, anstatt eine Herzensbeziehung.
- *Graben2: Gesetzlosigkeit*
  Ungehorsam oder Sünde. Die Furcht des Herrn ist die Kraft, die uns aus dem Graben der Gesetzlosigkeit heraushält.

Kapitel 6

Macht des Gebetes

Warum ist Gebet so wichtig?

Gebet ist sehr wichtig, weil es eine Atmosphäre der Einheit in der Gemeinde bewirkt. Wir lernen, dass Gebet zu wachsender Einheit führt. Es ist unmöglich ohne Gebet unser Potential in Jesus zu erlangen. Gebet ist das Herzstück von allem. Das Hauptziel des Gebets ist, Jesus mehr zu kennen. Gebet ist erflehen geistlicher Kraft. Gebet ist das Anrufen Gottes in Zeiten der Not. Gebet sagt: „Gott ich brauche dich." Gebet bittet Gott um Seinen Segen oder Seine Kraft, damit wir in Ihm wachsen und unsere Bedürfnisse gestillt werden.

Was hat das Gebet für eine Bedeutung?

- *Gott, ich brauche dich!*
- *Satan, ich binde dich!*
- *Heiliger Geist, ich höre dich!*
- *Jesus, ich liebe dich!*

Welche Art des Gebets wird „Flehen zu Gott" oder Bittgebet genannt?

In der Bibel gibt es das Beispiel von König Joschafat als er von feindlichen Streitwagen umgeben war. Hier sehen wir, wie die Kraft des Gebets Gottes übernatürliche Kraft vom Himmel freisetzt. Das heißt immer, wenn wir in eine Notsituation geraten, können wir durch Flehen zu Gott oder ein Bittgebet, übernatürliche Kraft in uns freisetzen.

Welche von drei Bereichen sind für das Gebet wichtig?

- *Die Priorität des Gebets.*
- *Der Gebetsplan.*
- *Der Ort des Gebets.*

Habe ich Gebet zur Priorität in meinem Leben gemacht?

Leider trifft das heute auf das Leben vieler Christen nicht mehr zu. Sie haben die Wichtigkeit täglicher Zeit mit Jesus vergessen. Jesus sagte in Matthäus 6,33 „Trachtet zuerst nach dem Reich Gottes und Seiner Gerechtigkeit, so wird euch alles hinzugefügt werden." Der dreifache Wert Gebet zur Priorität zu machen ist: „Gebet fördert unser geistliches Wachstum." „Gebet fördert unsere geistliche Stärke." „Gebet fördert unsere geistliche Beständigkeit.".

Haben wir einen Plan für unser Gebet?

Unser Gebet sollte systematisch sein. Systematisch bedeutet, wir sollen einen Plan haben, etwas methodisch oder wirkungsvoll zu tun. Unsere Gebetszeit sollte organisiert sein. Wir sollten verschiedene Dinge haben, auf die wir uns konzentrieren. Unsere Gebetszeit sollte ein Ziel haben.

Was sind die zwölf biblischen Arten des Gebets?

- *Lobpreis.*
- *Stille Hingabe der Seele.*
- *Gott erlauben, unseren Tempel von Sünde zu reinigen.*
- *Schriftstellen beten.*
- *Heilige Wachsamkeit in unserem Gebet entwickeln.*
- *Fürbitte: Das Gebet für andere.*

- *Flehen oder Bitten.*
- *Danksagung: Eine Form von Bekenntnis.*
- *Geistliches Singen.*
- *Meditation: Eine stille Form des Gebets.*
- *Zuhören: Gottes Stimme hören.*
- *Lobpreis: Ist lauter Jubel im Gebet.*

Was ist Lobpreis?

Gottes Wesen anzuerkennen. Nachzudenken, wer Gott ist und es zu sagen. Lobpreis ist Gott zu erheben. Ihn mit Worten zu ehren, die all das verkündigen, was ER ist.

Was ist der Zweck des Gebetes und was war die Verheißung bezüglich der Endzeiternte?

Der letztendliche Zweck des Gebets ist es, zu helfen, dass Menschen zu Gott kommen und mit Ihm versöhnt werden.

Das eine Zeichen, das vor Christi Wiederkunft erfüllt sein muss steht im Matthäus Evangelium 24,14: „Dieses Evangelium des Reiches wird auf der ganzen Erde gepredigt werden, allen Nationen zum Zeugnis, und dann wird das Ende kommen!"

Welche speziellen Zeichen müssen vor der Wiederkunft Christi geschehen?

Wir werden von Kriegen und Kriegsgerüchten hören. Volk wird sich gegen Volk, Reich gegen Reich erheben. Hungersnöte und Erdbeben wird es geben. Viele werden zu Fall kommen und einander ausliefern und einander hassen. Gesetzeslosigkeit nimmt über Hand, die Liebe wird erkalten. Wer aber bis zum Ende standhaft

bleibt, der wird gerettet werden. Das Evangelium wird dann ver-
kündet werden, erst dann kommt das Ende. (Matthäus 24).

Kapitel 7

Das Alte Testament

Warum sollte ein Christ das Alte Testament lesen?

Wir können das Neue Testament nicht ohne das Alte Testament verstehen.

Der Apostel Paulus spricht in seinen Briefen über das Gesetz, welches Gesetz?

Paulus meinte das Gesetz des Alten Testaments.

Aus wie vielen Büchern besteht das Alte Testament?

Das Alte Testament besteht aus 39 Büchern.

Wie definiert man das Alte Testament?

Der Begriff „Altes Testament" ist eine christliche Beschreibung der Bücher, die Gott dem jüdischen Volk gegeben hat, und die sich auf den Alten Bund beziehen, den Gott mit dem Volk Israel durch Mose am Berg Sinai geschlossen hat. Das Wort „Bund" meint eine Übereinkunft, die Menschen miteinander verbindet. Im Alten Bund verbündete Gott sich selbst mit dem Volk Israel.

Warum ist im Alten Testament so viel Geschichte?

Gott bietet sich uns nicht als Objekt philosophischer Ideen an. Er kommt, um uns zu helfen, und Er verlangt eine Antwort von uns. Die Geschichtsberichte des Alten Testaments sind Beispiel, wie Gott Menschen geholfen hat. Sie sind eine Darstellung Gottes in

Aktion. Wie Er rettet und richtet, und wie Er in das Leben von Völkern und in die Geschicke von Nationen eingreift. Ein Volk ohne Geschichtsbewusstsein, ist wie ein Mensch, der sein Gedächtnis verloren hat. Das Neue Testament ist im Alten Testament verborgen. Das Alte Testament ist im Neuen Testament offenbart. Was wir heute sind, ist Ergebnis von dem, was gestern geschah. Was wir heute tun, wird das Morgen prägen. Das Alte Testament beinhaltet verschiedene Literaturarten. Die Bücher des Alten Testaments umfassen: Geschichte, Dichtung, Weisheitsliteratur und Prophetie.

Wer hat die Psalmen geschrieben?

Einige wurden von David geschrieben. Andere wurden von Asaph, den Söhnen Korachs geschrieben. Irgendwann wurden sie als fünf Bücher gesammelt und dann in einem Buch zusammengestellt, das wir heute „Psalmen" nennen. Ein ähnlicher Prozess ist beim Buch „Sprüche" zu verfolgen.

Was sind die fünf Bücher Moses?
- *Genesis*
- *Exodus*
- *Levitikus*
- *Numeri*
- *Deuteronomium*

Welche geschichtlichen Bücher befinden sich im Alten Testament?

Josua, Richter, Ruth, 1. & 2. Samuel, 1. & 2. Könige, 1. & 2. Chronik, Esra, Nehemia, Ester.

Welche großen Propheten kennen wir aus dem Alten Testament?

Jesaja, Jeremia, Klagelieder, Hesekiel und Daniel. Das Buch Klagelieder gehört dazu, weil es in enger thematischer Beziehung zu Jeremia steht.

Welche kleinen Propheten kennen wir aus dem Alten Testament?

Hosea, Joel, Amos, Obadja, Jona, Micha, Nahum, Habakuk, Zefanja, Haggai, Sacharja und Maleachi.

Wie ist die Genauigkeit der Überlieferungen aus dem Alten Testament?

Können wir sicher sein, dass die deutsche Bibel oder Übersetzung in eine andere Sprache das Wort Gottes ist? Ja! Weil wir uns immer noch direkt auf die hebräische Bibel oder die griechische Übersetzung beziehen können, sowie auf viele andere Handschriften. Die Schriftgelehrten gingen mit der allergrößten Sorgfalt daran, den Text der hebräischen Heiligen Schriften zu bewahren. Sie waren vollkommen davon überzeugt, dass es sich um das Wort Gottes handelte, und dass nichts geändert werden sollte. „Sie zählten zum Beispiel, wie häufig jeder Buchstabe des Alphabets in jedem einzelnen Buch vorkommt. Außerdem zählten sie durch, welcher Buchstabe der mittlere Buchstabe des ganzen Pentateuchs ist, sowie der mittlere Buchstabe der gesamten hebräischen Bibel."

Was hat es mit den Schriftrollen vom Toten Meer auf sich?

Als die Schriftrollen vom Toten Meer 1947 entdeckt wurden, waren sie 1.000 Jahre älter als die ältesten, bekannten Handschriften. Sie waren jedoch fast völlig identisch mit irgendeiner gedruckten Ausgabe der hebräischen Bibel, die man in jedem Buchladen kaufen kann. Es gibt stellenweise, kleine Unterschiede in der Schreibweise und im Ausdruck, aber im Wesentlichen sind sie identisch. Die Schriftrollen vom Toten Meer umfassen das ganze Buch Jesaja, sowie Teile aus jedem Buch des Alten Testaments, außer aus dem Buch Ester.

Was ist Schöpfung?

Gott ist der Schöpfer. Das Universum ist Gottes unermessliche Intelligenz. Gott ist keine kosmische Seele im Universum. Er ist auch keine unpersönliche, kosmische Kraft.

Wie beschreiben wir Identität in Bezug auf Jesus Christus?

Wenn wir Christus als unseren Herrn annehmen, werden wir mit Ihm und der Gemeinschaft Seines Volkes identifiziert.

Was steckt in der Geschichte des Turms von Babel?

Das Wort „Babel" setzt sich aus „bab" für Tor und aus „el" für Gott zusammen. „Bab-el" ist also ein Tor zu Gott. Hier richteten sie ihren Verstand auf sich selbst und das, was sie bauen würden. Sie wollten sich selbst einen Namen machen. Im antiken Mesopotamien waren gemauerte Türme mit Götzen Anbetung verbunden. Dazu gehörte die Astrologie, die sich mit der Erkenntnis der Zukunft befasste, um sie zu kontrollieren. Sie versuchten damit, selbst wie Gott zu werden.

Was wissen wir über die Geschichte Abrahams?

Abraham kam aus einer Gegend, nicht weit weg von Babel. Heute heißt dieses Gebiet „Irak." Abrahams Glaube war wie eine Reise – Schritt für Schritt. Im Neuen Testament wird uns gesagt, dass Abraham der Vater der Treuen ist, die an Christus glauben. „Er glaubte dem Herrn und Er rechnete es ihm als Gerechtigkeit an." (1.Mose 15,6). Seine Frau Sara bekam noch im hohen Alter einen Sohn von Abraham mit den Namen Isaak. Abraham vertraute Gott durch den Glauben. Das war seine Beziehung zu Gott. Zudem schloss Gott einen Bund mit Abraham und gab ihm Verheißungen.

Moses war ein Befreier einer ganzen Nation. Den Auftrag Gottes erhielt er durch den brennenden Dornbusch. Warum war der brennende Dornbusch was Besonderes?

Was Moses Aufmerksamkeit erregte war genau das: Das Feuer brannte, aber der Busch wurde durch das Feuer nicht zerstört. Das Feuer brannte weiter und weiter. Diese Sache war etwas Unnatürliches. Moses wurde von diesem merkwürdigen Phänomen angezogen. Es war das Feuer, das übernatürlich war: Ein Feuer, das keinen Brennstoff benötigte, sondern in sich selbst existierte. Es war selbstversorgend und trug sein Leben in sich selbst! Gott sprach zu Moses durch dieses Phänomen und offenbarte sich als der „Ich bin der Ich bin."

Was ist ein Vasallenvertrag?

Ein Vertrag zwischen einem großen König und seinen Untergebenen.

Es gibt drei wichtige Aussagen bezüglich der Stiftshütte und für die damit verbundenen religiösen Bräuche.

Die Stiftshütte half, das Volk Israel zu einen.
- *Die Stiftshütte lehrte die Israeliten eine geistliche Botschaft.*
- *Die Stiftshütte war ein Symbol für Christus.*

Was ist die Heiligkeit Gottes?

Die Heiligkeit Gottes umfasst alle Seine Eigenschaften. Sie gleicht einem geschliffenen Diamanten mit vielen Facetten, von der jede Sein Licht, Seine Herrlichkeit reflektiert: die majestätische Klarheit, ehrfürchtige Reinheit, göttliche Kraft, die unaussprechliche Schönheit, die grenzenlose Erkenntnis, die unausweichliche Gegenwart, die unergründliche Weisheit, die unbestechliche Gerechtigkeit, die grenzlose Liebe, die unerschöpfliche Gnade. Wenn Gott uns beruft, heilig zu sein, dann fordert Er uns zu nichts weniger auf, als Seinen Charakter in dieser Welt zu manifestieren, Seine Person im Spiegel unserer Seelen und unseres Lebens zu reflektieren.

Wer war die Frau Rahab?

Rahab war eine Kanaaniterin und eine Hure. Aber ihr Leben wurde verschont und sie wurde eine geehrte Israelitin. Gemäß dem Neuen Testament (Matthäus 1,5) heiratete Rahab Salmon, den Leiter des Stammes Juda. Ihr Sohn war Boas, der Ruth heiratet, und ihr Urenkel war König David. Rahab ist somit ein Teil des Geschlechtsregisters Jesu Christi. Rahab verstand die Souveränität Gottes. Der Mensch ist nicht Zentrum des Universums, sondern Gott. Rahab sagte: „Denn der Herr, euer Gott, ist Gott oben im Himmel und unten auf der Erde." (Josua 2,11).

Was passierte nach der Zeit Josua, dem Nachfolger Moses?

Es gab keinen großen Leiter mehr wie Moses oder Josua, die das Volk Israel führen konnten. Es war niemand als König bestimmt. Jeder tat das, was er für das Beste hielt.

Wer waren die Richter?

Sie waren „Shophetim" (hebräisch): Leiter, Befreier und Richter.

Wie war der Kreislauf der vielen Richter, die im Alten Testament aufgeführt sind?

Die Israeliten fingen an ungehorsam zu werden, Götzendienst zu tätigen. Es folgte das Gericht Gottes. Er entzieht seine Hand des Segens und des Schutzes und es erfolgte Unterdrückung durch Feinde. Die Israeliten schreien Gott um Hilfe, und Gott beruft einen Richter. Es erfolgt eine Befreiung, eine Zeit des Friedens und Segens. Die Israeliten fangen aber wieder an, rückfällig zu werden. Der ganze Kreislauf wiederholte sich.

Wer waren die Philister?

Sie waren ein Indo-Europäisches Volk. Sie besaßen große Kenntnisse über Metalle, besonders über Verarbeitung von Eisen. Sie waren gut vorbereitet und ausgerüstet, das gleiche Land in Besitz zu nehmen, dass die Israeliten gerade erobert hatten.

Was sind wichtige Schlüsselgedanken im Alten Testament?
- *Bund*
- *Treue*

- *Identität*
- *Glaube*

Was sind die drei Eigenschaften hebräischer Dichtung?
- *Parallelismus: Ideen, die parallel zueinander sind.*
- *Bildhafte Sprache.*
- *Emotionaler Ausdruck.*

Samuel war der letzte Richter, danach folgte Monarchie. Wir waren die Könige in dieser Zeit?

Saul begann die Monarchie gut, wurde aber stolz und entfremdete sich von Gott. Nachfolger wurde König David. Er war Psalm Schreiber, Dichter, Musiker und Sänger. David war ein Kriegsmann. Der Nachfolger Salomo war ein Mann des Friedens. Später, nach seinem Tode wurde das Reich geteilt.

Was gibt es über Hiob zu berichten?

Hiob war ein guter Mann, der schreckliche Dinge durchlitt. Hiobs Theologie war: „Wenn ich das Richtige tue, werde ich gute Gesundheit und materiellen Reichtum haben. Wenn ich das Falsche tue, werden körperlich und materiell schlechte Dinge passieren." Als Gott zuließ, dass Hiob durch eine Zeit der Prüfung ging, hatte er Probleme damit. Er verlor alles, ohne eine schreckliche Sünde begangen zu haben. Seine Sicht Gottes passte nicht zu seiner Erfahrung. Die Theologie Hiobs änderte sich. Gott heilte Hiob und brachte ihm große Segnungen. Hiob hatte gelernt, Gott auf eine neue Weise zu vertrauen.

Wissenswertes über die Teilung Israels!

Der Ungehorsam und Stolz Salomos führte nach seinem Tod zur Teilung des Reiches. Nicht alle Könige Israels stammten aus der gleichen Familie. König Omri etablierte das geteilte Reich Israel, und baute Samaria als neue Hauptstadt als Konkurrenz zu Jerusalem auf. Omri`s Sohn, König Ahab heiratete Isebel, eine Kanaaniterin. Gott berief den Propheten Elia, um die nördlichen Stämme Israels wieder zu sich zurückzuführen. Der andere Teil war das Königreich Juda. Alle seine Könige stammten aus einer Dynastie, einer Familie: dem Königshaus Davids und Salomons. Dies hätte ihnen eigentlich mehr politische Stabilität geben sollen. Die Hauptstadt war Jerusalem, und somit war der Tempel des Herrn und die levitischen Priester das Zentrum des nationalen Lebens. Leider waren einige Könige Judas sehr schlecht. Hiskia vertraute dem Herrn und war ein starker und guter König. Manasse, Sohn von Hiskia, tat viel Böses vor Gottes Angesicht. Josia, der Enkel von Manasse war ein sehr guter König. Er wandte sich Gott zu und erließ einige große Reformen. Gott segnete Josia während seiner Lebenszeit, aber die Reformen kamen zu spät, um Gottes Gericht über Juda noch aufzuhalten. Die Männer, die nach Josia kamen, seine Söhne und sein Bruder, waren weder gottesfürchtig noch kompetent wie er.

Welche neue Macht erhob sich?

Es erhob sich eine neue Macht namens Babylons. Nach der Zerstörung Ninives, gelangten die Babylonier über Damaskus nach Jerusalem. Mehr als einmal griffen sie Jerusalem an und zerstörten es schließlich. Sie zerstörten auch den Tempel und führten das Volk gefangen nach Babylon. Später wurde Babylon von Persien erobert. Babylon fiel im Oktober 539 v. Christus.

Wer und was waren die Propheten?

Sie waren Sprachrohre Gottes. Sie waren zurückschauend, aussprechend und nach vorne blickend. Sie waren keine Wahrsager, sondern Prediger der Gerechtigkeit. Sie sahen, was geschehen wird, aber keinen klaren Zeitplan. Propheten waren Elia und Elisa, sie predigten, schrieben aber nichts.

Kapitel 8

Jesus unser Arzt

Warum werden viele Menschen nicht geheilt?

Der Hauptgrund, warum Menschen nicht geheilt werden, ist, dass sie Gottes Willen in Frage stellen.

Warum denkst du, ist Gott immer bereit, die Kranken zu heilen?

Jesus ist voll Gnade und Liebe. Er will nicht, dass die Menschen krank sind. Es gibt keine Krankheiten im Himmel. Darum ist es auch nicht Gottes Wille, dass es auf Erden irgendeine Krankheit gibt. Glauben bedeutet zu glauben, dass Gott nicht nur fähig ist, sondern auch willig ist, zu heilen.

Wie kam die Krankheit in die Welt?

Krankheit und Tod kamen als Folge des Sündenfalls in diese Welt. Durch den Sündenfall wurden alle guten Dinge, die Gott schuf, verzerrt. Wenn wir glauben, dass Jesus Christus in die Welt gekommen ist, um die Menschheit von der Sünde zu erlösen, dann bedeutet das auch, dass Seine Erlösung gleichzeitig den Fluch der Sünde beseitigte. Sünde, Krankheit und Tod kamen durch Adams Sünde in die Welt.

Wie können wir Heilung empfangen?

Du kannst keinen Glauben über den offenbarten Willen Gottes hinaus haben. Glaube beginnt, wenn wir den Willen Gottes kennen. Wir müssen überzeugt sein, dass es Gottes Wille ist, uns zu heilen. Gottes Wort offenbart Gottes Willen. Glaube kommt vom Hören des Wortes Gottes (Römer 10,17).

Was ist Gottes Vorstellung von Erlösung?

Gott will, dass wir verstehen, was alles in der Sühnetat Christi am Kreuz enthalten ist. „Jeder, der den Namen des Herrn anrufen wird, wird errettet werden!" (Römer 10,13). Erlösung umfasst aus Gottes Sicht viel mehr als Vergebung der Sünde.

Was umfasst das griechische Wort „sozo"?

Es bedeutet auch gerettet, geheilt, befreit, bewahrt und vollständig wiederhergestellt zu werden. „Sozo" ist ein alles umfassendes Wort, das alle Aspekte menschlicher Erlösung einschließt, die wir brauchen.

Was bedeutet das Evangelium in Bezug auf Heilung?

Das Evangelium ist die Kraft Gottes zur Erlösung und Heilung für jeden, der glaubt. (Römer 1,16; 1.Korinther 1,21).

Welche Bedeutung hat das ewige Leben?

Das Wort für ewiges Leben ist das griechische Wort „zoe". Es bedeutet wörtlich „das Leben Gottes": Leben, wie Gott es hat. Wenn ein Mensch an Jesus Christus glaubt und ihn annimmt, dann empfängt er das ewige Leben Gottes. Dasselbe Leben Gottes, das mich zur neuen Schöpfung in Christus macht, ist dasselbe Leben, das in meinen Körper fließen und Heilung bringen kann.

Was sind einige Flüche, von denen wir erlöst wurden?

Sünde, Krankheit und Gesetz.

Was bewegt Gott dazu, Menschen zu heilen?

Gott hatte Mitleid und Erbarmen mit den Menschen.

Hat sich Gottes Einstellung verändert?

Nein, Gott ist heute der gleiche wie damals, er verändert sich nicht.

Was müssen wir tun, um Gottes Gnade heute zu empfangen?

Wir müssen kühn im Glauben zu Jesus kommen.

Kapitel 9
Der göttliche Austausch

Was ist der Unterschied zwischen Vergebung und Erlass?

Vergebung: Wenn uns jemand vergibt, vergisst er die Dinge, die wir falsch gemacht haben.

Erlass: Wenn unsere Sünde erlassen wird, wird selbst der kleinste Hinweis auf ihr vormaliges Bestehen vollkommen ausgelöscht.

Was versteht die Bibel unter Tod?

Dieser Tod ist nicht der leibliche, sondern der geistliche Tod.

Was versteht die Bibel unter Leben?

Wenn wir zu Jesus kommen, wird das himmlische Leben Gottes auf unseren menschlichen Geist übertragen. Unser Geist wird vom Leben Gottes zum Leben erweckt.

Was ist göttlicher Austausch?

- *Jesus nahm unsere Strafe auf sich und bietet uns Erlass unserer Sünden an.*
- *Jesus bezahlte den Preis.*
- *Jesus nahm unsere Sünde und bietet uns seine Gerechtigkeit an.*
- *Jesus nahm unseren Tod und bietet uns sein Leben an.*
- *Jesus nahm unsere Armut und bietet uns seinen Überfluss an.*

- *Jesus nahm unsere Schande und bietet uns seine Herrlichkeit an.*
- *Jesus nahm unsere Ablehnung auf sich und bietet uns Annahme in Gottes Familie an.*
- *Jesus nahm den Fluch und bietet uns seinen Segen an.*

Wieso wurde Jesus arm?

Jesus wurde arm, damit wir durch seine Armut reich würden. „Ihr kennt die Gnade unseres Herrn Jesus Christus, dass er, da er reich war, um euretwillen arm wurde, damit ihr durch seine Armut reich werdet." (2.Korinther 8,9)

Wo wohnt Gott?

Gott wohnt inmitten der Gemeinde (unserem Herz). „Wir sind der Tempel des lebendigen Gottes; wie Gott gesagt hat: „Ich will unter ihnen wohnen und wandeln, und ich werde ihr Gott sein, und sie werden mein Volk sein." (2.Korinther 6,16)

Welche Segnungen gibt es lt. 5.Mose 28,1-14?
- *Gesegnet bist du in der Stadt und im Land.*
- *Gesegnet ist die Frucht deines Leibes.*
- *Gesegnet ist die Frucht deines Ackers.*
- *Gesegnet ist die Frucht deines Viehs.*
- *Gesegnet bist du, wenn du heimkehrst.*
- *Gesegnet bist du, wenn du ausziehst.*
- *Gesegnet ist der Wurf deiner Rinder.*
- *Gesegnet ist der Zuwachs an Lämmern und Zicklein.*
- *Gesegnet sind dein Korb und dein Backtrog.*

Was bedeutet Sieg?

Ein Sieg in einer Schlacht wird zu einem bestimmten Zeitpunkt errungen. Der Sieg in einer militärischen Schlacht wird durch Blutvergießen errungen. Ein Sieg ereignet sich auf einem Schlachtfeld. Der Tod Christi am Kreuz ist ein solcher Sieg. Jesus besiegte den Feind in einer Schlacht vor 2000 Jahren.

Was bedeutet Triumph?

Der Triumph ist eine Siegesfeier, die lange nachdem ein Sieg errungen wurde, stattfindet. Jesus hat den Sieg vor 2000 Jahren errungen. Wir sollen diesen Sieg feiern und wenn wir das tun, dann haben wir einen Triumph. Siehe das Lied: „Jesus, wir feiern deinen Sieg am Kreuz!"

Was sind Mächte und Gewalten?

Die bösen Mächte Satans. Der Satan selbst wird ein Gewaltiger genannt: „Der Fürst dieser Welt und Herrscher in der Luft." Kolosser 2,15 beschreibt, was Jesus durch seinen Tod und seine Auferstehung, Satan und seinen Mächten, zugefügt hat. Jesus hat durch seinen Sieg die Mächte und Gewalten entwaffnet.

Wo ist die Gemeinde im Triumphzug?

Jesus ist das Haupt und die Gemeinde ist der Leib. Der Leib geht immer dahin, wohin das Haupt geht. Wenn Jesus sich im Streitwagen befindet, wo ist dann die Gemeinde? Die Gemeinde ist auch im Streitwagen.

Welche Religionen wurden von Engeln gegründet?

Mohammed erhielt den muslimischen Glauben von einem Engel namens Dschibril (für Juden und Christen ist dies der Erzengel Gabriel). Die Offenbarungen die Mohammed 23 Jahre lang auf den Berg Hira erhielt wurden später von seinen Freunden aufgeschrieben. Dies sind die 114 Suren.

Joseph Smith formte den Glauben der Mormonen auf Grundlage einer Offenbarung, die er von einem Engel empfing. Aber Paulus schrieb in Galater 1:8, dass jeder, der ein anderes Evangelium predigte, verflucht sei, selbst wenn es ein Engel wäre. Der Schreiber des Hebräerbriefes verglich Jesus mit den Engeln und erklärt: Jesus ist kein Engel, er ist der Sohn Gottes. Er ist der Schöpfer aller Engel und Engel sind keine Menschen.

Was sind Engel?

Engel erscheinen in allen Kulturen und Ländern. Engel können als Menschen auftreten, sie sind aber keine Menschen. Engel sind in den Lehren der monotheistischen, abrahamitischen Religionen des Judentums, Christentums und Islams Geistwesen in (geflügelter) Menschengestalt (so werden sie „sinnbildlich" dargestellt), die von Gott erschaffen wurden, diesem untergeordnet sind und als dessen Boten für die Menschen tätig sind. In Hebräer 1,14 wird der hautsächliche Dienst der Engel beschrieben. Sie sind dienende Geister für die Erben der Errettung. Ihr wichtigster Dienst ist, uns zu dienen und zu unterstützen.

Wie viele Engel gibt es?

Die Bibel sagt uns, dass es sich um eine unzählbare Schar handelt. Wir können sie nicht zählen.

Stehen Gläubige unter der Autorität von Engeln?

Wenn wir in der Autorität Gottes leben, dann können Engel kommen und helfen.

Was können wir tun, um das Wirken von Gottes Engeln in deinem Leben und Dienst zu fördern?

Wir müssen Jesus Christus lobpreisen. Unser Lobpreis führt die Hilfe der Engel herbei. Engel reagieren auf die Gebete der Menschen. Die guten Engel reagieren auf Gottes Autorität.

Wie kann jemand wissen, ob er wiedergeboren ist?

Wenn du wiedergeboren bist, so kommt der Glaube, der dich von neuem geboren hat, von Gott. Er ist ein Geschenk Gottes. Wenn du wiedergeboren bist, weißt du auch, dass du Glauben hast.

Woher kommt der Glaube und wie wird er wirkungsvoll?

„Der Glaube kommt aus dem Hören des Wortes Gottes! Der Schlüssel, für einen wirkungsvollen Glauben, ist sehr einfach. Du musst handeln, um Glauben freizusetzen." (Jakobus 2,26). Wenn du handelst, dann setzt du den Glauben frei, der in deinem Geist ist.

Kapitel 10

Die Reise eines Dieners

Wie kann ich in einer Gemeinde helfen?

„Ihr aber seid Christi Leib und, einzeln genommen, Glieder. Und die einen hat Gott in der Gemeinde eingesetzt erstens als Apostel, zweitens andere als Propheten, drittens als Lehrer, so dann Wunderkräfte, so dann Gnadengaben der Heilungen, Hilfeleistungen, Leitungsgaben, Arten von Sprachen." (1.Korinther)

Denn in der Gemeinde geht es mehr, als nur zu kommen, einen Platz zu besetzen, dem Pastor zuzulächeln und wieder nach Hause zu gehen.

Woran liegt es, dass der Dienst der Hilfeleistung in der Gemeinde heute weniger betont wird?

Weil man zu sehr mit dem weltlichen Denken beschäftigt ist und die Leute viel zu wenig Zeit für Dienste außerhalb der eigenen Belange opfern wollen.

Leute fragen häufig, ob dieser Dienst in der Bibel zu finden ist. Spricht Gott darüber?

Wir sehen in 1. Korinther 12,28, dass Gott in Seine Gemeinde Menschen eingesetzt hat, die ihren Pastor unterstützen. Nicht Menschen haben diesen Dienst erfunden, sondern Gott, der Himmel und Erde schuf.

Was bedeutet in der Bibel Sterne und Kerzen?

Saul und Jonathan sind Sterne. Der Waffenträger Jonathans ist eine Kerze. Pastoren sind, wie Jonathan mit dem Schwert. Gemeindemitglieder sind die Waffenträger. Jonathan weiß, wo der Kampf stattfindet, und der Waffenträger ist Gott hingegeben zu helfen. Jonathans Waffenträger wusste, dass unser Gott Sterne und auch Kerzen benutzt, um seine Welt zu erhellen. Dieser Waffenträger wusste, dass unser Gott nicht ungerecht ist, dass er unsere Arbeit der Liebe nicht vergisst.

Welche Bedeutung hat der Stab Moses?

Der Stab Moses steht für die Kraft Gottes. Nicht das Fleisch verleiht dir diese Kraft, sondern der Geist Gottes, der in diesem Stab ist. Es war der Stab, der das Rote Meer durch Gottes Kraft teilte.

Welche Rolle spielte Aaron und Hur für den Sieg von Gottes Volk, und welche Lektionen kann die Gemeinde daraus lernen?

Aaron der Levit, repräsentierte die Gabe des Helfens. Hur der Priester, repräsentierte Leiterschaft. Diese Einheit im Dienste Gottes war wichtig, dass Josua die Schlacht gewinnen konnte. Einheit in der Gemeinde ist sehr wichtig.

Wo sind die in der Gemeinde, die Gier verabscheuen?

Menschen die Gier verabscheuen, preisen den Herrn, wenn andere gesegnet werden. Es sind Menschen, die den Besitz oder die Position eines anderen nicht für sich begehren.

Was meint man in der Bibel, warum Moses in einem kleinen Zelt sitzt?

Alle Leute warteten von morgens bis abends darauf, dass Moses ihnen Recht zusprechen würde. Moses versucht, sich selbst um alle Dinge persönlich zu kümmern. Deshalb kam Moses nicht aus seinem Zelt heraus. Es ist aber sehr wichtig, dass auch ein Pastor aus dem Zelt herausgeht, um selbst mit Gott zu sprechen und herauszufinden, was Gott als nächstes für die Gemeinde vorhat.

Was war die nächste Sache, die Mose für Gott tat?
- *Er stieg auf den Berg Sinai.*
- *Er sprach mit Gott.*
- *Er empfing die Zehn Gebote.*

Warum brauchen wir uns nicht schämen, ein Diener Gottes zu sein?
- Position und Status beeindrucken Gott nicht.
- Position und Status bewegen Gott nicht.
- Die einzige Sache, die unseren Gott beeindruckt und bewegt, sind Diener.

Kapitel 11
Leben im Glauben

Was bedeutet eine neue Kreatur?

Ist jemand in Christus, so ist er eine neue Kreatur; das Alte ist vergangen, siehe, Neues ist geworden. (2.Korinther 5,17). Wenn wir von neuem geboren wurden, dann haben wir Jesus als Retter unseres Lebens angenommen. Jetzt sind wir eine neue Schöpfung. Wir haben alle den-selben Vater. Wir sind alle Brüder und Schwestern im Herrn.

Welche Arten von Glauben gibt es?
- *Natürlicher Glaube*
- *Gott gemäßer Glaube*

Wie demonstrierte Jesus diesen Glauben?
- *Als er Wasser in Wein verwandelte.*
- *Als er Blinden die Augen öffnete.*
- *Als er auf dem Wasser ging.*
- *Als er 5000 Männer plus Frauen und Kinder mit zwei Fischen und fünf Broten satt machte.*

Welche Arten von Gottgemässen Glauben gibt es?
- *Dominierender oder herrschender Glaube.*
- *Schöpferischer Glaube.*

Was versteht man unter Glauben ist wie ein Meisterschlüssel?

Gott will, dass wir Glauben haben, weil es ohne Glauben unmöglich ist, Gott zu gefallen. Beispiel Geld: Geld macht es möglich, Dinge zu kaufen. Je mehr Geld ich habe, desto mehr Dinge kann ich kaufen. Glaube ist wie Geld, je mehr Glauben ich habe, desto mehr kann ich durch diesen Glauben tun. Glaube wird zum Meisterschlüssel, der jede Tür öffnen kann. Durch regelmäßigen Gebrauch wird er wachsen wie Muskeln beim Training – dein Glaube kann stark werden.

Warum brauchen wir Glauben?

Ohne Glauben können wir Gott nicht gefallen. Brauchst du Weisheit, bitte Gott um Weisheit, aber zweifle nicht. Wenn du krank bist, dann kannst du Heilung durch Glauben empfangen. Gott hat ein Erbe für dich und du kannst es durch Glauben empfangen. Glaube ist die beste Medizin.

Was ist Glaube?

Der Glaube ist eine Substanz, die man nicht sehen kann. Es ist die Verwirklichung von etwas auf das du hoffst. Ein überzeugt sein von Dingen, die man nicht sieht.

Wie entsteht Glauben?

Glaube kommt im Hören auf das Wort Gottes. Wir haben das Wort des allmächtigen Gottes. Was er sagt, wird er auch verwirklichen. Ich muss sicherstellen, dass ich Glauben freisetze. Glaube ohne Werke ist tot. Du setzt Glaube frei durch deine Worte und Taten.

Wie ist Glaube?

Glaube ist kein Gefühl, es ist eine Gewissheit. Ich weiß, was geschieht in Jesu Namen. Paulus sah, dass der Mann genug Glauben hatte, um geheilt zu werden. Deshalb konnte Paulus ihm befehlen, aufzustehen, weil er die Gewissheit hatte.

Glaube....

- *Ist in einem anderen Bereich*
- *Kann man nicht sehen*
- *Kann man nicht berühren*
- *Kann man nicht schmecken*
- *Ist ein Raum außerhalb unserer Sinne*
- *Ist die Substanz von Dingen, die man hofft*
- *Ist der Beweis von Dingen, die man nicht sieht*

Welche Gründe gibt es, warum wir glauben sollen?

Gott gibt jedem Gläubigen ein Maß an Glauben und es gibt zwei Gründe, warum wir Glauben sollen. „Wir sollen Glauben, damit wir Gott gefallen, denn ohne Glauben ist es unmöglich Gott wohl zu gefallen." Glaube ist der Meisterschlüssel, mit dem wir das ganze Erbe bekommen, das Gott uns verheißen hat. Wir brauchen Glauben, um neu geboren zu werden.

Was sind die Verheißungen Gottes?

- *Sieg*
- *Frieden*
- *Vergebung*

Warum tragen einige Menschen trotzdem noch ein Gefühl der Verdammnis in sich?

Weil sie auf ein Gefühl warten. Glaube ist kein Gefühl. Glaube bedeutet, nach dem Wort Gottes zu handeln.

Was ist das Prinzip des Glaubens?

Wenn wir Gott bitten, dann müssen wir glauben, dass wir es empfangen, danach dürfen wir es auch spüren. Das ist das Prinzip des Glaubens.

Wo ist das Reich Gottes?

Wir beten, dass sein Reich komme, damit Gottes Wille hier auf der Erde genau so getan wird, wie im Himmel. Als Jesus auf die Erde kam, brachte er das Reich Gottes mit sich. Er ist der König und muss sein Reich aufrichten. Das Reich Gottes ist in uns. Der erste Ort, an dem er sein Reich aufrichtet, ist in uns. „Und als er von den Pharisäern gefragt wurde: Wann kommt das Reich Gottes? antwortete er ihnen und sprach: „Das Reich Gottes kommt nicht so, dass man es beobachten könnte; auch wird man nicht sagen: Siehe hier! Oder: Siehe dort! Denn siehe, das Reich Gottes ist mitten unter euch (in dir)." (Lukas 17,20-21)

Was ist das Reich Gottes?
- *Die Herrschaft Gottes*
- *Die Regierung Gottes*
- *Die Autorität Gottes, die auf die Erde kommt*

Wie funktioniert das Reich Gottes?

Im Königreich funktioniert alles durch Glauben und nicht durch Schauen. Jesus sagt uns wie das Reich Gottes funktioniert:

- *Die Saat ist das Wort Gottes*
- *Der Sämann sät das Wort*
- *Das Wort Gottes ist dein Same*
- *Unsere Herzen sind der Boden*

Kapitel 12
Der Zweck von Zellgruppen

Was ist das Prinzip von Zellgruppen im Alten Testament?

- *In 2. Mose 18 finden wir die erste Gemeinde in der Wüste*
- *Mose, dem Leiter dieser Gemeinde, wurde von seinem Schwiegervater geraten, seine Strukturen zu ändern.*
- *Alles hing von ihm selbst ab und er verschließt seine Kräfte.*
- *Sein Schwiegervater, war um Moses Gesundheit und um das Wohl des Volkes besorgt, weil diese den ganzen Tag Schlange standen, um auf Mose zu warten.*
- *Ein solches Bild sehen wir oft auch in den Gemeinden. Der ganze Dienst konzentriert sich auf den Pastor, der keine seiner Aufgaben an andere delegiert.*

Was ist der Zweck einer Gemeinde?

- *Ein guter pastoraler Dienst für die Gemeinde.*
- *Die Verlorenen evangelisieren.*
- *Leiter ausbilden, eine neue Generation, die das Evangelium predigt.*

Was sind mögliche Fehler eines Pastors?

- *Die Leute nicht besonders gut zu betreuen.*
- *Er übernahm alle pastoralen Tätigkeiten.*
- *Er übernahm alle Besuche.*
- *Nur er allein war in der Seelsorge tätig.*
- *Er übernahm die komplette Richterfunktion für die Leute.*

Warum brauchen wir Kleingruppen?

Menschen können besser in einer Kleingruppe dienen. Bevor sich Leute nicht gegenseitig dienen, werden sie niemals zu gleichberechtigten Partnern werden. Menschen brauchen Ermutigung und wenn sie Zellgruppen angehören, werden sie ermutigt. Wenn jemand niedergeschlagen oder entmutigt ist, kann man sich beim wöchentlichen Treffen von Angesicht zu Angesicht durch Gebet oder gegenseitiges Dienen ermutigen.

Wie können Christen Frucht bringen?

Wenn sie auf sich allein gestellt sind, können Christen keine Frucht bringen. Jesus sandte seine Jünger in Zweiergruppen aus. Wir sind in Zellgruppen produktiver als auf uns allein gestellt. Die Bibel sagt uns, dass einer 1.000 in die Flucht schlägt, zwei zusammen aber 10.000. Wenn sich eine Gruppe regelmäßig trifft, wächst sie zu einem Team zusammen und wird so produktiver.

Wie können Zellgruppen evangelisieren?

Es ist durch Studien erwiesen, dass mehr Menschen durch Beziehungen zum Glauben kommen als durch Veranstaltungen. Im Neuen Testament sehen wir, dass Christen ihre Freunde einluden, damit sie Jesus kennenlernen. Das größte Problem in der Welt ist die Einsamkeit. Verlorene Menschen sind oft einsam. Wenn sie Christen beobachten, die einander lieben, dann erfüllt sich, was Jesus sagte, dass die Welt erkennt, dass Gott Ihn gesandt hat.

Wie kann ich die Vision der Evangelisation verstehen?

In der Welt beherrscht der Teufel die Gedankenwelt der Menschen. Ihr Verstand ist verdunkelt, so dass sie die Wahrheit nicht verstehen. Jesus sagte zu Paulus, dass es seine Aufgabe sei, ihre Augen zu öffnen, so dass sie Vergebung der Sünden und das Erbteil erlangen, samt denen, die geheiligt sind durch den Glauben an Jesus Christus. Paulus nannte es die „himmlische Vision". Seelengewinnung ist diese himmlische Vision. Dies können wir am besten durch Zellgruppen erreichen.

Was bringt Zellgruppen zum Evangelisieren?

Es ist absolut erforderlich, dass Zellgruppen evangelisieren. Wenn Zellgruppen nicht evangelisieren, werden sie nicht wachsen und schließlich eingehen. Wenn Zellmitglieder Menschen zu Christus führen, führt dies zu deren Reifung, weil die Zellmitglieder jetzt Vorbilder für die neuen Gläubigen sind.

Wie viele Menschen sind verloren?

Missionswissenschaftler teilen die Welt in vier Gruppen. In der ersten Gruppe, der „A"- Welt sind einer von zehn Menschen.
- *Diese Gruppe sind die gläubigen Christen.*
- *Das sind etwa 650 Millionen Menschen (Stand: 2005)*

Die zweite Gruppe, die „B"- Welt umfasst zwei von zehn Menschen.
- *Es handelt sich um nominell Namenschristen.*
- *Hierzu zählen 1,2 Milliarden Menschen.*

Die dritte Gruppe, die „C"- Welt umfasst drei von zehn Menschen.

- *Diese leben in Nationen, die vom Evangelium bereits erreicht worden sind.*
- *Sie haben die gute Nachricht zwar gehört, aber bisher abgelehnt.*
- *Dies sind 2 Milliarden Menschen.*

Die vierte Gruppe, die „D"- Welt umfasst vier von zehn Menschen.
- *Sie leben in den Nationen, die unerreicht sind.*
- *Es sind 2,5 Milliarden Menschen.*

Wie wichtig ist Mentoring?

Findet Helfer, die deinen Geist, deine Einstellung, Werte, Salbung, Fokus, und Vision haben. Suchen wir uns Leiter aus Zellgruppen aus, mit denen wir Zeit verbringen. Gott will dir geistliche Söhne und Töchter schenken. Beispiel Mose: Er bildete nicht nur neue Leiter aus, er bildete Josua als seinen Nachfolger aus. Josua war Tag und Nacht mit ihm zusammen. Wenn Moses nicht da war, übernahm Josua die Leiterrolle.

Was ist die Vision der Leiterschulung im Neuen Testament im Beispiel von Jesus Christus?
- *Zwei Männer am See von Galiläa.*
- *Zwei mehr und noch einer, bis er zwölf Jünger hatte.*
- *Sie waren mit Ihm zusammen.*
- *Er lehrte sie, wie man betet.*
- *Er sandte sie in Zweiergruppen aus.*
- *In Lukas 10 lesen wir von 70 Jüngern, die er aussandte.*
- *Als er von den Toten auferweckt wurde, hatte er 500 Gläubige.*

Was ist überhaupt eine Vision?

Eine Vision ist ein Einblick in die Zukunft. Es ist die Fähigkeit, etwas zuerst in der geistlichen Welt zu sehen. Vision ist das erste Prinzip für Multiplikation. Du musst die Vision in deinem Geist sehen, was Gott durch deine Zellgruppen tun will.

Wie multiplizieren sich Zellgruppen?

Sie multiplizieren sich, wenn die Leiter eine Glaubens-Vision haben. Sie multiplizieren sich, wenn die Leiter zerbrochen sind und wissen, dass sie es nicht aus eigener Kraft schaffen können. Sie multiplizieren sich gemäß dem Prinzip der Zwölf. Christus begann mit 12 Jüngern. Zwölf ist eine Zahl der Jüngerschaft.

Was meint man unter Söhne im Hause Gottes?

Die Leiter, nach denen du Ausschau halten solltest, müssen Söhne des Hauses und nicht unwillige Knechte (Mietlinge) sein. Ein Sohn investiert sein eigenes Leben in das Haus, aber der Mietling ist nur an der Bezahlung am Ende des Tages interessiert. Du kannst nichts auf Mietlingen aufbauen. Du kannst keine Gemeinde mit Menschen bauen, die nicht die Vision des Pastors teilen.

Was sind die Unterschiede zwischen Söhnen und Mietlingen?

- *Söhne bauen mit.*
- *Söhne haben das Herz des Vaters.*
- *Söhne sind familienorientiert.*
- *Söhne gebrauchen die Sprache der Familie.*
- *Söhne ehren Leiterschaft.*
- *Söhne achten die Befehlskette, aber Diener stellen sie in Frage.*

- *Söhne haben eine langfristige Sicht.*
- *Söhne bringen neue Leute in die Familie des Vaters.*
- *Söhne sind auf das Wohl der Menschen bedacht.*
- *Söhne sind offen und transparent.*
- *Söhne sind sich ihrer Position sicher.*
- *Söhne stecken noch in den Kinderschuhen.*

Wieso ist Jesus der erste Sohn und regiert über Gottes Haus?

„Moses war in (Gottes) ganzem Hause als Diener treu (im alten Bund), zum Zeugnis von dem, was verkündigt werden sollte. Christus aber als Sohn (im neuen Bund) regiert über sein Haus. Sein Haus sind wir, wenn wir den Freimut und Ruhm der Hoffnung bis zum Ende standhaft festhalten."

Also Christus und der Vater. Ich zitiere Lukas 22,42: „Wenn es dein Wille ist, lass diesen Kelch an mir vorübergehen. Aber nicht mein Wille, sondern dein Wille geschehe." Jeder Leiter in deiner Gemeinde muss ein Sohn des Hauses sein. Pastoren finden die Söhne in der Gemeinde. Sie sind das Baumaterial der Gemeinde. Treffe dich mit den Söhnen. Setze sie als Leiter von Zellgruppen ein.

Kapitel 13
Power Evangelisation

Was ist das Geheimnis der Weltevangelisation?

Das Geheimnis hinter der Weltevangelisation ist das Feuer des Heiligen Geistes. Das ist es, was ungläubige Jünger in gläubige Jünger verwandelte, die überall hingingen, um Gottes Wort zu predigen, worauf ihnen Zeichen und Wunder nachfolgten.

Was war die Ursache für den Unglauben der Jünger nach der Auferstehung Jesu?

Die Ursache waren der Unglaube und die Herzenshärte. Dreimal glaubten sie nicht den Überlieferungen von Maria Magdalena. Ebenso glaubten sie auch nicht zwei Weiteren, und auch nicht den Elfen die ihn gesehen hatten. Erst als das Feuer des Heiligen Geistes über sie kam, verwandelte er die Jünger in gläubige Jünger und sie gingen hinaus in die Welt und verkündeten das Evangelium.

Was sind die Ziele des Evangeliums?

- *Dass Menschen gerettet werden.*
- *Gebundenheit wird in Freiheit verwandelt.*
- *Krankheit wird zu Gesundheit verwandelt.*
- *Die Hölle verwandelt sich in den Himmel.*

Was ist das Feuer des Heiligen Geistes?

- *Keine Technik oder Methode*
- *Kein Trick*

- *Durch das Feuer des Heiligen Geistes hat Gott den Schlüssel zu uns*
- *Somit kann Gott jede unserer Türen aufschließen Weder Mensch noch Teufel können diese wieder schließen*

Warum sollen wir nicht mit dem Gehirn, sondern mit dem Herzen glauben?

Wir sollten nicht mit dem Gehirn glauben, weil das Gehirn unsere „Zweifelbox" ist. Wir glauben mit dem Herzen, weil das Herz unsere „Glaubensbox" ist.

Warum ist der Glaube nur ein leitender Draht?

- *Wir selbst produzieren keine Kraft.*
- *Wir sind keine Generatoren, sondern nur Stromleiter.*
- *Wir sind nie selbst die Quelle, sondern immer nur die Kanäle.*
- *Gebet produziert keine Kraft. Wir empfangen die Kraft des Herrn.*
- *Aus seiner Fülle haben wir alle empfangen, und zwar Gnade um Gnade.*

Was ist Gottes doppeltes Kraftwerk?

- *Golgatha*
- *Auferstehung Christi*

Das sind die beiden Generatoren Gottes. Gottes Wort ist die Stromleitung und unser Glaube ist der Draht. Wenn diese beiden zusammenkommen, geschehen Wunder. Die Hauptsache ist nicht eingeschaltet zu sein, sondern verbunden zu bleiben.

Warum ist Integrität und der Heilige Geist so notwendig?

Integrität ist absolut notwendig, wenn wir Träger der Salbung des Heiligen Geistes sein wollen. Wenn wir etwas vom Heiligen Geist empfangen wollen, müssen wir uns eifrig vorbereiten, um uns Gott als vollkommene Diener Gottes zu präsentieren.

Wie kann das Verhalten der Engel vor Gottes Thron uns als Vorbild für unsere Beziehung zu Gott dienen?

Wir sollten uns von allen Unreinen und Befleckten in der Nähe des Thrones Gottes lösen.

In Jesaja 6,1-9 steht das der Seraphim (Gottes Thron) sechs Flügel haben. Welche Bedeutung hat das?

Zwei Flügel bedecken ihre Gesichter, was für Demut steht. Zwei Flügel bedecken ihre Füße, was für Reinheit steht. Mit zwei Flügel flogen sie, was für Schöpfung und Anbetung steht.

Was ist Gottes vollkommene Gabe nach Jakobus 1,17?

Kein Wechsel eines Schattens. Unser Gott erhebt sich nicht am Morgen, um abends wegzugehen. Er ist in seiner vollkommenen Stärke immer gegenwärtig. Wir sitzen jetzt nicht im Schatten, sondern im strahlenden Sonnenschein seiner Macht. Er befindet sich auf dem Höhepunkt seiner Macht. Der Thron aller Throne steht hinter dem Evangelium. Wenn wir das Evangelium verkündigen, ist der Heilige Geist die Hand in den Handschuhen, die das Evangelium weitergibt.

Was sind die Minimum-Christen?

Es sind diejenigen, die sich mit wenig zufriedengeben. Ein einziges Halleluja kann sie sechs Monate lang durchtragen.

Wer sind die Maximum-Christen?

Das sind die Hungrigen. Sie geben sich nicht mit wenig zufrieden. Sie beanspruchen Gottes Verheißungen bis zum Maximum.

Was ist der Zweck von Pfingsten?

Wir empfangen das Feuer des Heiligen Geistes nicht nur, um glücklich und gesegnet zu sein. Wir müssen seine Kraft dafür einsetzen, das Wort Jesu an die Enden der Erde zu bringen. Es ist gut, danach süchtig zu sein, das Evangelium von Jesus zu verbreiten und den Verlorenen zu bringen. Die Dinge der Welt kommen und gehen, aber Gottes Reich ist ewig. Das Blut des Lammes ist Medizin für uns, aber Gift für Satan. Das Blut Jesu ist wie Seife. Es wirkt nicht, außer du wendest es an.

Wann sind wir Feuer-Zeugen Jesu?

„Ihr werdet Kraft empfangen, wenn der Heilige Geist auf euch gekommen ist; und ihr werdet meine Zeugen sein, sowohl in Jerusalem als auch in ganz Judäa und Samaria und bis an das Ende der Erde."

Was ist die Definition von Kraft?

- *Das griechische Wort ist „dynami“.*
- *Dynami bedeutet Kraft des Ausharrens und Kraft auf Vorrat.*
- *Dynamit für sich allein ist nichts. Damit es explodiert, muss es mit der Energie einer Feuerquelle zusammengebracht werden. Beispiel: Um dein Auto zu starten, musst du zuerst den Schlüssel umdrehen, was die Batterie veranlasst, die nötige Kraft freizusetzen. Er ist der Generator aller Generatoren. Der Heilige Geist ist mehr als eine Batterie.*

Kapitel 14

Integrität des Herzens

Welche Eigenschaften und Fähigkeiten machen einen guten Leiter der Gemeinde aus?

- *Besondere, kreative Gaben*
- *Intellektuelle Gabe*
- *Management Fähigkeiten*
- *Prophetische Vision*
- *Eine anziehende Persönlichkeit*
- *Geistlichen Eifer*
- *Übernatürliche Gaben*

Was ist das Geheimnis des Erfolgs für den Dienst eines Leiters?

Die Vermutung von vielen ist, dass die Anzahl der Stunden, die ein Leiter in der Bibel liest, oder die er im Gebet verbringt, der Schlüssel sind. Natürlich ist das wichtig, aber wichtiger ist ein Herz der Integrität zu kultivieren und zu schaffen. Ein Herz der Integrität hat mit dem Herzen zu tun, aus dem Gebete gesprochen und das Wort Gottes gepredigt wird.

Welche Eigenschaften beschreibt die Integrität des Herzens?

- *Aufrichtigkeit der Zunge*
- *Wahrhaftigkeit in den Gedanken*

- *Ehrlichkeit mit sich selbst*
- *Ein Herz, das Vertrauen nicht missbraucht*

Mit welchen zwei Dingen hat Integrität des Herzens zu tun?

- *Es gibt immer Dinge, die ich nicht weiß oder nicht verstehe. Gott wird mir bei den Dingen helfen, die ich nicht weiß oder nicht verstehe.*
- *Es gibt Dinge, die ich verstehe. Wenn ich gegen diese Dinge wissentlich verstoße, wird Gott nicht kommen und mich wegen dieser Dinge korrigieren.*

Worüber geht es bei der Vergebung?

Freisetzung von Beziehungen, Freisetzung von Errettung, Freisetzung dessen, worum es in unserem Leben geht, sowie Freisetzung des Leibes Christi, indem wir vergeben, wie uns vergeben worden ist.

Kann Unvergebenheit krank machen?

Medizinische Studien beweisen, dass 70% aller Krankheiten das Ergebnis von Bitterkeit, Groll und Unvergebenheit im Inneren des Menschen sind.

Wie bewahre ich die Integrität des Herzens?

Die Integrität des Herzens zu bewahren, bedeutet der Verunreinigung des Herzens zu widerstehen. Dies kommt einer Invasion gleich, die jedes Mal ein Stück wegnimmt, wie eine Besatzungsmacht das Land einer Nation erobert.

Was ist die wichtigste Bedeutung von Vergebung?

Die wichtigste Bedeutung ist freisetzen oder loslassen. Als uns der Herr vergeben hat, wurden wir von der Macht der Sünde freigesetzt, und unsere Bindung an den ewigen Tod wurde gelöst. Hierdurch verstehen wir die Beziehung zwischen Vergebung und Freisetzung. Der Geist des Loslassens besteht darin, dass unsere Herzen und Hände in einer befreiten Haltung Gott und anderen gegenüber geöffnet sind, damit unsere Hände nicht mit Dingen wie Ärger und Bitterkeit gefüllt werden.

Wie gelangt Unvergebenheit in das Herz eines Leiters?

- *Durch Ärger. Ärgerlich zu sein bedeutet, Menschen im Gefängnis unseres Ärgers gefangen zu halten.*
- *Durch eine richtende Haltung. „Meiner Meinung nach liegt diese Person falsch." Leider ist der Leib Christi mit solchen Haltungen gefüllt. Sie begrenzen die Effektivität einer lebendigen Gemeinde. Sie zehren an der geistlichen Stärke von Leitern. Sie errichten Mauern der Trennung zwischen Teilen des Leibes Christi.*
- *Wenn Unvergebenheit in das Herz eines Leiters gekommen ist, dann kann sie nur durch die Haltung unseres Herrn aufgelöst werden.*

Er sagte: „Ich habe dir alles vergeben. Ich habe dir Verständnis und Güte erwiesen. Deine Eigenheiten verstehe ich. Ich habe Geduld mit deinem unvollkommenen Verständnis. Die Dinge, wo du unwissend warst und andere verletzt hast, habe ich dir vergeben. Ich habe dich völlig freigesetzt. Ich berufe dich dazu, auf gleiche Weise andere loszulassen, und mit Menschen geduldig zu sein, die dich verletzen und dir Schmerzen bereiten." (aus den Psalmen)

Kapitel 15
Visionen des Christen

Welche Gründe gibt es, warum wir wertvoll für Gott sind?

- *Wir sind in seinem Ebenbild geschaffen.*
- *Der Preis für unsere Erlösung war so hoch.*
- *Es gibt einen einmaligen Beitrag zum Reich Gottes, den nur du erfüllen kannst.*

Was ist der Schlüssel für ein effektives Gebetsleben?

- *Bete diszipliniert. (Apostelgeschichte 3,1)*
- *Bete eifrig und ernsthaft. (Jakobus 5,16)*
- *Bete spezifisch. (Matthäus 16,19)*
- *Bete in Einheit mit anderen. (Apostelgeschichte 4,24)*
- *Bete beharrlich. (Lukas 11,19)*
- *Bete mit Kühnheit. (Hebräer 4,16)*
- *Bete erwartungsvoll. (1.Johannes 5,14-15)*

Welche Qualitäten im Leben eines Visionärs gibt es?

- *Ein Visionär schaut nach vorne.*
- *Ein Visionär nimmt sein Erbe an.*
- *Ein Visionär ist kühn angesichts Opposition.*
- *Ein Visionär weiß, dass Gott mit ihm ist.*
- *Ein Visionär besitzt den Mut zu leiten.*
- *Ein Visionär hält Gottes Wort auf Platz eins.*
- *Ein Visionär überquert seinen persönlichen Jordan.*

- *Ein Visionär ist unleugbar von Gott geprägt.*
- *Ein Visionär kooperiert mit Gott im Sammeln der nötigen Versorgung.*
- *Ein echter Visionär hat eine lebensverändernde Begegnung mit Jesus Christus.*

Wie kann man eine Vision definieren?

„Eine Vision für den Dienst ist ein klares, geistiges Bild einer gewünschten Zukunft, die Gott Seinen auserwählten Dienern anvertraut, und die auf einem klaren Verständnis von Gott, sich selbst und den Umständen basiert. "

Welche Schritte der Fokussierung einer Vision gibt es?

- *Kenne deine Gabe.*
- *Vertraue deiner Gabe.*
- *Entwickle deine Gabe.*
- *Empfange eine Vision von Gott für deinen Dienst.*
- *Versuche etwas Großes.*
- *Entwickle einen Plan für dein geistliches Leben.*
- *Erstelle im Gebet einen Plan zu Erfüllung deiner Vision.*
- *Sei erfüllt mit dem Heiligen Geist.*

Was ist das Zeichen der Wiederkunft Christi?

„Dieses Evangelium der Königsherrschaft (des Reiches Gottes) wird gepredigt werden auf dem ganzen Erdkreis, allen Nationen zu einem Zeugnis, und dann wird das Ende (=Wiederkunft Christi) kommen. (Matthäus 24.14)

Welche Arten von Kraft gibt es zur Erfüllung des Missionsbefehls?

- *Die Kraft des Heiligen Geistes. (Sacharja 4,6)*
- *Die Kraft des Wortes Gottes. (Jeremia 23,29)*
- *Die Kraft des Evangeliums. (Römer 1,16)*
- *Die Kraft des Namens Jesus. (Apostelgeschichte 3,16)*
- *Die Kraft des Blutes Jesu. (Offenbarung 12,11)*

Welche Prinzipien gibt es, wie du die Vision deines Herzens finanzieren kannst?

a) *Lass dich nicht von deinen Umständen erschrecken.*

b) *Sei genau mit den Dingen, die du von Gott erbittest.*

c) *Erstelle eine Inventarlist der Dinge, die du besitzt.*

d) *Unternimm etwas mit dem, was du hast.*

e) *Fange an, dass zum Wohle anderer auszugießen, was du hast.*

f) *Vertraue Gott für ein Wunder.*

g) *Erkenne, dass ein Wunder in deinem Haus ist.*

h) *Gott stellt dir zwei Fragen: Was willst du, dass der Herr für dich tut? Was hast du „im Herz"?*

Welche zehn Strategien Gottes gibt es die Vision zu finanzieren?

o *Bevor du gibst, vergib!*

o *Fange heute an im Glauben zu säen und erwarte eine Ernte.*

o *Bringe den ganzen Zehnten in Gottes Haus.*

o *Entwickle eine Haltung der Dankbarkeit Gott gegenüber.*

o *Nutze die Gelegenheiten, die Gott dir gegeben hat.*

o *Nach Gebet und weiser Beratung, fürchte dich nicht vor Risiken.*

o *Höre auf die Impulse des Geistes, zu geben.*

o *Gib Almosen für die Armen, besonders im Verborgenen.*

o *Entwickle einen Plan, alle deine Schulden zu bezahlen.*

o *Teile deine Vision mit Klarheit und Begeisterung mit.*

Was sind Schritte bei Vergebung?

- *Liebe deine Feinde.*
- *Segne die dir fluchen.*
- *Tue Gutes denen, die dich übervorteilen.*
- *Bete für sie.*

Wie sieht echte Vergebung aus?

- *Es ist wie Josef seinen Brüdern vergab. (1.Mose 45)*
- *Er schützte den Ruf seiner Brüder. (1.Mose 45,1)*
- *Er wollte keine Distanz zu seinen Brüdern. (1.Mose 45,4)*
- *Er wollte nicht, dass seine Brüder emotional litten für das, was sie ihm angetan haben. (1.Mose 45,5)*
- *Er sah die führende und versorgende Hand Gottes in allem, was passiert war. (1.Mose 45,4)*

Was ist das Gesetz von Saat und Ernte?

Ich muss säen, um zu ernten. Darum werde ich im Glauben säen! Du kannst keine Ernte von einer Vision einbringen, in die du nicht gesät hast.

Kapitel 16
Gemeindegründungen in Teams

Warum sollten wir Gemeinden gründen?
* *Das Prinzip der Fortpflanzung.*
* *Das Prinzip von Saat und Ernte.*
* *Die Erfüllung des Missionsbefehls.*

Was ist unsere Berufung und unser Auftrag?

Jesus hat uns berufen hinzugehen, sein Evangelium unter allen Nationen zu verbreiten, zu taufen, zu lehren und Jünger zu machen. Aber der Ort, wo Jünger Jesu gelehrt, geschult und zur christlichen Reife gebracht werden, ist die Ortsgemeinde.

Welche praktische Gründe gibt es für die Gründung neuer Gemeinden?

Die Not ist groß. Allein in Europa gibt es 200.000 Städte und Dörfer ohne eine lebendige, evangelikale Gemeinde. (Zitat eines Pastors). Untersuchungen in Amerika haben gezeigt, dass neu gegründete, kleinere Gemeinden effektiver evangelisieren als große, ältere Gemeinden. Solange Milliarden von Menschen auf der Welt noch nicht errettet sind, sind Millionen neuer Gemeinden nötig, um sie für Jesus zu erreichen, und sie im christlichen Glauben zu trainieren. Gemeindewachstums-Experte Dr. Peter Wagner: „Die effektivste Methode der Evangelisation unter dem Himmel ist die Gründung neuer Gemeinden."

Was sind die häufigsten Methoden der Gemeindegründung?

- *Mutter-Tochter-Gemeindegründung.*
- *Eine Bibelstudiengruppe.*
- *Der Gemeindegründungs-Pionier.*
- *Aussendung von Gemeindegründungs-Teams.*

Welche vier praktischen Gründe für die Schulung von Mitarbeitern in der Ortsgemeinde gibt es?

1. *Ortsgemeinden erleiden Verluste, wenn sie begabte Christen für eine Ausbildung zum Dienst an andere Orte schicken.*
2. *Gemeinden können denen, die für den Dienst ausgebildet werden, ein hohes Maß an persönlicher und pastoraler Begleitung geben.*
3. *Gemeinden haben Pastoren, Evangelisten, Lehrer, Älteste und manchmal auch Apostel und Propheten.*
4. *Christen, die für den Dienst in der Ortsgemeinde ausgebildet werden, sind persönlich der ganzen Bandbreite christlicher Dienste ausgesetzt: Lobpreis, Predigt und Lehre, Evangelisation, Nacharbeit, die Ausübung der Gaben des Heiligen Geistes, Seelsorge und vieles andere mehr.*

Welche drei wichtigen geistlichen Faktoren gibt es in der geistlichen Berufsberatung?

- *Die Berufung des zukünftigen Mitarbeiters.*
- *Das Timing dieser Berufung.*
- *Der geographische Ort, wo die Berufung realisiert wird.*

Welche Eigenschaften sollte ein Gemeindegründungs-Pastor mitbringen?

a) *Ein Mann (oder Frau) mit Vision.*
b) *Ein demütiger Mann.*
c) *Keine Angst vor harter Arbeit.*
d) *Nicht schnell entmutigt, der nicht leicht aufgibt.*
e) *Ein Mann voller Mut und Entschlossenheit.*
f) *Eine Persönlichkeit, die Menschen anzieht.*
g) *Ein selbst-motivierter Leiter; ein „Selbst-Starter".*
h) *Ein geistlicher Mensch, kein fleischlicher.*
i) *Ein Mann des Gebets!*

Welche Qualitäten sollten Team-Mitglieder bei einer Gemeindegründung mitbringen?

a) *Echte Liebe und Achtung für den Team-Pastor.*
b) *Völlige Loyalität und Treue gegenüber dem Teampastor und der sendenden Gemeinde.*
c) *Herz eines Dieners.*
d) *Es ist gut, wenn einige Teammitglieder sehr evangelistisch sind.*
e) *Treu und hingegeben.*
f) *Männer und Frauen von einwandfreier Integrität.*
g) *Geistlich und mit starkem Gebetsleben.*
h) *Bereit zu arbeiten. Gemeindegründung ist harte Arbeit!*

Wie sollten die Leute in der Gemeinde trainiert werden?

* *Fülle sie mit Gottes Wort (2 Timotheus 2,2)*
* *Entwickle „guten Samen" (Matthäus 13,38)*
* *Trainiere heilige und treue Christen für das Werk des Missionsbefehls*

Kapitel 17
Geleitet vom Heiligen Geist

Nenne vier Wege wie uns Gott führt?
- *Gott führt durch sein geschriebenes Wort.*
- *Gott leitet uns durch seine Integrität.*
- *Gott führt uns durch seinen Frieden.*
- *Gott führt uns durch den Rat anderer.*

Wie unterscheiden wir, ob uns der Heilige Geist führt, oder ob es andere Geister sind?

Der Heilige Geist führt durch Gottes Wort in alle Wahrheit. Seine Schafe hören seine Stimme. Nicht durch Kraft des Fleisches, sondern durch die Kraft des Geistes.

Was ist der Mensch?

Der Mensch ist ein Geistwesen. „Es spricht der Herr, der den Himmel ausspannt und die Grundmauern der Erde legt und den Geist des Menschen in seinem Inneren bildet." (Sacharja 12,1). Er selbst aber, der Gott des Friedens, heilige euch völlig; und vollständig möge euer Geist und Seele und Leib untadelig bewahrt werden bei der Ankunft unseres Herrn Jesus Christus. Treu ist, der euch beruft; er wird es auch tun." (1. Thessalonicher 5,23-24).

Was sind Geist, Seele und Körper des Menschen?

a) Der Geist und die Seele des Menschen sind verschieden.

b) Der Geist ist die wahre Person, die im Körper wohnt.

c) Die Seele besteht aus Verstand, Wille und Gefühlen.

d) Der Leib ist das Haus, worin der Mensch wohnt.

Welche fünf Arten, wie Gott mit unserem Geist umgeht, gibt es?

- *Beunruhigung im Geist.*
- *Betrübnis im Geist.*
- *Ruhelosigkeit im Geist.*
- *Erregung im Geist.*
- *getrieben vom Geist.*

Wie sollten deine Prioritäten des Lebens sein?

1. *Persönliche Beziehung mit Gott.*
2. *Familie.*
3. *Dienst.*
4. *Ruhe und Erholung.*

Was meint man unter persönliche Beziehung zu Gott?

Predigen ist keine Beziehung zu Gott. Predigen ist der Ausfluss einer Beziehung zu Gott. Gebet und Studium ist keine Beziehung zu Gott. Eine persönliche Beziehung zu Gott ist deine Freundschaft und Zeit mit Gott (Gemeinschaft). Zeit die du in seiner Gegenwart mit Gebet und Anbetung verbringst. Zeit, die du in seinem Wort verbringst, ihn kennen zu lernen. Das ist die erste Priorität im Leben.

Warum sollte man der inneren Wahrnehmung am besten vertrauen?

Als Beispiel schauen wir uns Paulus an. Da war etwas, was Paulus in seinem Geist wahrnahm. Alle Umstände widersprachen jedoch der Wahrnehmung von Paulus. Drei Dinge sprachen gegen ihn: Der Experte, die Mehrheit und die Umstände. Es lagen aber alle falsch, nur Paulus hatte Recht. Lerne auf das innere Zeugnis des Geistes zu hören. So oft in unserem Leben hören wir nicht zu, während Gott zu uns durch unseren Geist im Inneren redet.

Warum tragen Christen Gottes Licht ins sich?

* *Wir sind im Neuen Bund.*
* *Wir sind aus Gott geboren.*
* *Gottes Geist wohnt in uns.*
* *Wir haben Zugang zu Gottes Wort.*

Welche drei Gruppen von Gaben des Geistes gibt es?

* *Machtgaben*
* *Offenbarungsgaben*
* *Wortgaben*

Welche wichtigen Dinge in Bezug auf Prophetie gibt es?

Prophetie, die vom Heiligen Geist kommt, wird niemals dem Geschriebenen Wort Gottes widersprechen. Die Gabe der Prophetie ist uns im Neuen Testament nicht zur Führung für unser Leben gegeben. Das Neue Testament lehrt uns nicht, dass wir durch Prophetie geführt werden sollen.

Welche Mittel der Führung Gottes im Neuen Testament gibt es?

- *Durch Träume.*
- *Durch Visionen.*
- *Durch das Hören der Stimme des Heiligen Geistes.*
- *Das ist mehr als nur ein innerer Eindruck.*

Welche sechs Aspekte von Gottes Wort gibt es?

- *Gottes Wort ist Gottes Verpflichtung. (Hebräer 6,13)*
- *Gottes Wort ist ein Ausdruck seines Wesens. (Hebräer 1,3)*
- *Gottes Wort ist das Maß seines Charakters.*
- *Gottes Wort ist über seinen Namen erhöht. (Psalm 138,2)*
- *Gottes Wort ist die einzige Quelle unseres Glaubens. (Matthäus 4,4)*
- *Gottes Wort ist der absolute Standard für unser Verhalten.*

Was heißt, Gottes Wort ist über seinen Name erhöht?

Gottes Name ist nur so gut wie sein Wort. Die Autorität von Jesu Namen, kommt vom Wort. Darum ist sein Wort über seinen Namen erhöht. Dein Name ist nur so gut wie dein Wort. Dein Wort muss das Wort der Wahrheit sein. Du musst dein Leben und deine Worte auf das Wort der Wahrheit bauen.

Was war die innere Wahrnehmung des Paulus?

Da war etwas, was Paulus in seinem Geist wahrnahm. Alle Umstände widersprachen der Wahrnehmung von Paulus. Drei Dinge sprachen gegen Paulus: Der Experte (Apg. 27,11). Die Mehrheit (Apg. 27,12). Die Umstände (Apg. 27,13). Alle lagen falsch, nur Paulus hatte Recht. Lerne auf das innere Zeugnis des Geistes zu hören. So oft in unserem Leben hören wir nicht zu, während Gott zu uns durch unseren Geist im Inneren redet.

Warum tragen Christen Gottes Licht in sich?

○ *Wir sind unter dem Neuen Bund.*
○ *Wir sind aus Gott geboren.*
○ *Gottes Geist wohnt in uns.*
○ *Wir haben Zugang zu Gottes Wort.*

Kapitel 18

Wüsten Mentalitäten

Welche Wüsten Mentalitäten gibt es (siehe Josua in der Wüste)?

- *Meine Zukunft hängt von meiner Vergangenheit und von meiner Gegenwart ab.*
- *Jemand muss es für mich tun, ich will keine Verantwortung übernehmen.*
- *Bitte mache alles leicht für mich. Ich schaffe es nicht, wenn es zu schwer ist.*
- *Meckern, nörgeln und sich beklagen.*
- *Lass mich nicht auf etwas warten, ich verdiene es sofort.*
- *Mein Verhalten mag falsch sein, aber es ist nicht meine Schuld.*
- *Selbstmitleid.*
- *Ich verdiene Gottes Segen nicht, weil ich nicht würdig bin.*
- *Eifersucht, Neid und Vergleichen.*
- *Ich tue es auf meine Art oder gar nicht.*

Warum gingen die Israeliten nicht sofort in das verheißene Land?

Sie waren rebellisch und hatten Wüsten Mentalitäten.

Wie kannst du verhindern, dass deine Vergangenheit nicht dein jetzt bestimmt?

Wenn du in Christus bist, dann bist du eine neue Schöpfung. Altes ist vergangen, Neues ist geworden.

In welchen Bereichen unseres Lebens müssen wir erwachsen werden?

In den Bereichen der Gleichgültigkeit, Apathie, Passivität. Wir schieben Dinge auf, sind sehr faul und träge.

Auf welche Weisen wächst unser Glaube?

Sich aufmachen – aufstehen – geistliche Erweckung. Glaube wächst nur, wenn wir ihn für etwas gebrauchen können.

Was sind einige Dinge, bei denen uns das Warten schwerfällt?

Wir sind ungeduldig mit Menschen. Wir sind ungeduldig mit Umständen. Wir sind ungeduldig mit Gott. Wir sind ungeduldig mit uns selbst.

Was meint man mit: „Wir sind Miterben Christi"?

Also bist du nicht mehr Sklave, sondern Sohn; wenn aber Sohn, so auch Erbe durch Gott. (Galater 4,7). Gott will, dass wir lernen, Dinge zu erben, ohne dafür zu arbeiten. Wir müssen nur Gott lieben, um unser Erbe anzutreten. Ich will ein Erbe sein und diese kostenlosen Geschenke empfangen.

Warum wird Gott in meinen Leben nichts tun?

Er wird für dich nichts tun, bevor du nicht aufhörst, auf andere neidisch zu sein.

Was sind Voraussetzungen für Segen im Dienst?

- *Sei eine integrere Person.*
- *Tue alle Dinge exzellent, mit hoher Qualität.*
- *Gib Streit keinen Raum.*
- *Streit ist ein zerstörerisches Werk des Fleisches, das von der Königsherrschaft Christi disqualifiziert.*

Was bedeutet Sturheit und Rebellion?

Sturheit bedeutet, starrsinnig sein, schwierig im Umgang oder in der Zusammenarbeit. Mitarbeiter mit wenig Sinn für Einhaltung von Regeln. Wir dürfen im Umgang mit Gott und miteinander nicht stur sein. Rebellisch bedeutet, Kontrolle und Korrektur widerstehen, widerspenstig sein, allgemeine Richtlinien nicht befolgen.

Was sollte die Pflicht des Menschen sein?

Das Endergebnis des Ganzen lässt uns hören: Fürchte Gott und halte seine Gebote! Denn das soll jeder Mensch tun. Denn Gott wird jedes Werk, es sei gut oder böse, in ein Gericht über alles Verborgene bringen. (Prediger 12,13-14)

- *Fürchte (anbete) Gott.*
- *Gott zu gehorchen ist die ganze Pflicht des Menschen.*
- *Es ist die Wurzel allen Charakters.*
- *Es ist die Grundlage aller Zufriedenheit.*
- *Jedes Mal, wenn wir Gott gehorchen, gehen wir einen Schritt auf das verheißene Land zu.*

Wie sieht Gottes Belohnung aus?

- *Gott belohnt, die Ihn mit Eifer suchen, nicht die Perfekten.*
- *Erwarte alles von Gott. Der Himmel ist voll mit den Segnungen Gottes.*

Welche Einsichten in ein siegreiches Leben gibt es?

- *Ich versuchte so viele Jahre mich selbst zu verändern.*
- *Wir brauchen ein tieferes Verständnis der Gnade und Gunst Gottes.*
- *Das Werk Gottes ist, das wir glauben.*
- *Es ist keine Verdammnis in Christus. (Römer 8,1)*
- *Überfließendes Leben von Gott. (Johannes 10,10)*
- *Wie du angefangen hast, entscheidet nicht, wie du vollendest.*
- *Ich bin zwar noch nicht da, wo ich sein will. Aber ich bin nicht mehr da, wo ich früher war.*
- *Wir sollten um eine richtige Einstellung bemüht sein, wegen allem, was Gott für uns getan hat.*

Warum führt uns Gott absichtlich den schweren Weg?

„Und es geschah, als der Pharao das Volk ziehen ließ, führte Gott sie nicht den Weg durch das Land der Philister, obwohl er der nächste war. Denn Gott sagte: Damit es das Volk nicht bereut, wenn sie Kampf sehen, und sie nicht nach Ägypten zurückkehren."
(2.Mose 13,17).

- o *Wir wachsen in den schweren Zeiten, nicht in den leichten Zeiten.*
- o *Glaube wächst nur, wenn wir ihn für etwas gebrauchen müssen.*

- *Die Israeliten waren nicht auf Krieg vorbereitet.*
- *Gott zeigt uns nicht immer alles auf einmal.*
- *Wenn wir uns hinauswagen, wird Gott sich zeigen.*

Wie sieht echte Abhängigkeit von Gott aus?
- *Wenn du niemanden außer Gott hast, dann kommst du Gott nahe.*
- *Ich ging durch einige einsame Jahre.*
- *Niemand verstand mich.*
- *Niemand glaubte an mich.*
- *Niemand sah das, was ich sah.*
- *Ich verlor Freunde.*
- *Gott nahm mich aus meinem Arbeitsplatz heraus.*

Kapitel 19
Entwicklung von Leitern

Was bedeutet: „Negativität reflektiert innere Nieder-lage"?

1. *Negativität ist eine Reflektion dessen, was im Herzen ist.*
2. *Ein guter Mensch bringt aus dem guten Schatz in seinem Herzen gute Dinge hervor.*
3. *Ein böser Mensch bringt aus dem bösen Schatz in seinem Herzen Böses hervor.*
4. *Ein negativer Mensch bringt aus der Negativität in seinem Herzen negative Dinge hervor.*
5. *Eine besiegte Person wird aus der Niederlage in seinem Herzen nur Niederlage hervorbringen.*
6. *Der Mann des Glaubens bringt aus dem Glauben in seinem Herzen Dinge des Glaubens hervor.*
7. *Ein Überwinder wird aus seinem Geist eines Überwinders Dinge hervorbringen, die überwinden.*
8. *Wenn Leben in deinem Herzen sind, wirst du Leben hervorbringen.*
9. *Es hängt alles davon ab, was in dir steckt.*

Was machen negative Menschen?

- *Negative Menschen richten schnell andere.*
- *Negative Menschen hören etwas und bauschen es auf. Sie machen aus einer Mücke einen Elefanten.*
- *Negative Menschen hören nur das, was sie hören wollen.*

- *Negative Menschen wollen nicht lange unter positiven Leuten bleiben.*
- *Negative Menschen isolieren sich schließlich selbst.*
- Negative Menschen sind sehr selbstbezogen. Sie erwarten zu viel von anderen und werden oft enttäuscht.
- Negative Menschen glauben etwas, was völlig falsch ist.
- Negative Menschen verurteilen unfair und verallgemeinern.
- Negative Menschen vergiften die ganze Umgebung.
- Negative Menschen begrenzen die Gegenwart und sabotieren die Zukunft.

Was ist das Heilmittel für Negativität?

Wenn Leben in dein Herzen ist, wirst du Leben hervorbringen. Dein Herz bestimmt deine Einstellung im Leben. Dein Herz bestimmt auch den Erfolg deines Lebens.

Welche Dinge sollten in jedem Herzen verändert werden?

- *Bitterkeit oder Unvergebenheit.*
- *Stolz oder das eigene Ego.*
- *Selbstsucht, Selbstzentriertheit.*
- *Ungezügelter Ehrgeiz.*
- *Liebe zum Geld.*

Was sind die Folgen eines betrogenen Herzens?

- *Du sagst eine Sache, tust aber etwas völlig anderes.*
- *Du täuschst andere durch dein Verhalten.*
- *In deinem Herzen ist keine Reinheit.*

- *Das eigene Leben widerspricht guten Ratschlägen.*
- *Wenn dein Herz betrogen ist, wirst du auf viele Ratschläge nicht hören wollen.*
- *Du meidest diejenigen, die dein Denken herausfordern.*
- *Du suchst nach Verbündeten.*
- *Du fühlst dich missverstanden. „Keiner versteht mich."*
- *Du schaffst es nicht, auf die nächste Ebene zu kommen.*

Warum schlug Gott Jesus?

- ❖ *Wir wurden zu seinem Wohlgefallen geschaffen (Offb. 4.11).*
- ❖ *Der Segen und Frieden seines Volkes (Psalm 35,27).*
- ❖ *Dir sein Königreich anzuvertrauen (Lukas 12,31).*
- ❖ *Seine Pläne mit deinem Leben zu erfüllen (Epheser 1,9).*
- ❖ *Eine Seele, der es wohl geht, führt zu einem guten Leben.*
- ❖ *Eine besiegte Seele bedeutet ein besiegtes Leben.*
- ❖ *Eine negative Seele führt zu einem negativen Leben.*
- ❖ *Wenn du einer Person Wohlstand anvertraust, dessen Herz es nicht wohl geht, dann wird alles in kurzer Zeit auf dessen Herzenszustand schrumpfen.*
- ❖ *Wir müssen es zulassen, dass unsere Seele innerlich erweitert wird.*
- ❖ *Die Seele oder das Herz einer Gemeinde ist die Leiterschaft bzw. ihre Schlüsselpersonen.*
- ❖ *Wenn es der Seele einer Gemeinde nicht gut geht, wird die Gemeinde niemals gedeihen.*

Wie kannst du deine Seele ausdehnen, damit sie gedeihen kann?

Erziehe dich selbst. Lehre deine Seele still zu sein. Zieh deine Seele zur Rechenschaft. Verankere deine Seele in Gott. Lehre deine Seele sich zu rühmen.

Was ein Leiter einer Gemeinde nicht tun sollte?

➢ *Menschen beherrschen.*
➢ *Menschen manipulieren.*
➢ *Führen durch Zwang.*

Was ein Leiter einer Gemeinde tun sollte?

➢ *Leiten durch vorbildliches Verhalten in jedem Bereich.*
➢ *Er fordert Menschen positiv heraus.*
➢ *Menschen müssen in deinem Leben etwas erkennen, was sie in ihrem eigenen Leben wollen.*

Welche Arten von Geisteszuständen gibt es?

• *Geist der Analyse*
• *Geist der Vertrautheit*
• *Geist der Religion*
• *Geist des Unglaubens*
• *Geist der Furcht*

Wie ist das Denken der Menschenmengen?

o *Die Menge wird von falschen Stimmen beherrscht.*
o *Die Menge nimmt das Denken einer Herde an.*
o *Die Menge ist sehr wankelmütig.*

o Die Menge lässt sich leicht zu etwas überreden. Die Hohepriester und die Ältesten überredeten die Volksmengen, dass sie den Barabbas forderten, Jesus aber umbrächten.

o Wir müssen nur von einer Sache überzeugt sein; dass es Gottes Ruf in unserem Leben ist.

o Die Menge trifft schlechte Entscheidungen.

o Die Menge kreuzigt ihre Leiter.

o Die Menge geht niemals Risiken ein. Petrus ging auf dem Wasser, aber die anderen Jünger nie. Die Jünger stiegen ins Boot, aber die Menge blieb am Ufer stehen.

o Aus einer Menge können großartige Jünger werden.

Kapitel 20
Autorität und Vergebung

Warum ist ein verärgertes Herz ein Nährboden für Täuschung?

❖ Wenn Verrat nicht behandelt wird, so führt es zu Hass.

❖ Falsche Propheten werden aufstehen.

❖ Falsche Propheten sind wie Wölfe.

❖ Der Feind will Gläubige isolieren.

Warum haben so viele Menschen Ärgernisse?

Sie beten nicht im Geist. Sie bleiben nicht im Wort. Sie meditieren nicht im Wort. Sie sind schwach, und wenn ein Anstoß oder Ärgernis sie trifft, verletzt es sie und sie sind verwundet. Wunden verheilen nicht über Nacht. Wenn sie nicht richtig behandelt werden, heilen sie niemals. Du kannst nicht frei werden, bevor du nicht zugibst, dass du verärgert worden bist.

Die Bibel lehrt vier Kategorien delegierter Autorität. Welche sind es?

❖ *Zivile, staatliche Autoritäten.*

❖ *Autorität in der Familie.*

❖ *Soziale Autorität.*

❖ *Gemeinde Autorität.*

Welchen Unterschied gibt es zwischen Gehorsam und Unterordnung?

Gehorsam hat mit deinen Taten zu tun. Willigkeit hat mit deiner Haltung zu tun. Gott sieht nicht nur auf deine Taten, sondern auch auf deine Herzenshaltung. Du kannst gehorchen, bist aber nicht unbedingt untergeordnet. Es ist nicht nützlich für dich, und auch nicht für deinen Leiter, wenn du dich nicht unterordnest.

Was meint man unter der Aussage: „Das Reich Gottes ist ein Königreich, keine Demokratie"?

Gott ist der König und es gibt Ränge, Ordnung und Autorität. Wir versuchen immer Reich Gottes Prinzipien mit einer demokratischen Denkweise zu verstehen. Das Reich Gottes ist ein Königreich und keine Demokratie.

Was sagt der Römerbrief über diejenigen, die einer Autorität widerstehen?

Wer sich daher der staatlichen Macht widersetzt, widersteht damit der Anordnung Gottes, die aber widerstehen, werden ein Gericht empfangen.

Kapitel 21
Geistlicher Durchbruch

Wie wird man erfolgreich im geistlichen Leben?
- *Meditiere Tag und Nacht über Gottes Wort.*
- *Sprich Gottes Wort Tag und Nacht aus.*
- *Tue Gottes Wort Tag und Nacht.*
- *Dann wirst du auf deinen Wegen zum Ziel gelangen und du wirst Erfolg haben.*

Wie wirkt der Heilige Geist im Zusammenhang mit dem Wort?

Wenn wir über Gottes Wort meditieren, es aussprechen und tun, dann fängt der Heilige Geist an, in unserem Leben zu wirken, und zeigt uns was wir tun sollen, und welche Entscheidungen wir treffen müssen. Aber wenn wir nicht im Wort meditieren, es nicht aussprechen und tun, wie wollen wir dann zwischen der Stimme des Heiligen Geistes und der Stimme des Teufels unterscheiden können?

Wenn du Schriftstellen in dein Herz aufnimmst, wozu werden sie dann in deinem Leben?

Sie werden viel Nutzen in vielen Bereichen deines Lebens haben. Die Schriftstellen, die wir aufnehmen, werden zur Weisheit in unserem Leben.

Welche Bedeutung hat das Wort „meditieren"?

Auswendiglernen oder zu sich selbst mit leiser Stimme sprechen. Es ist unmöglich etwas auswendig zu lernen, ohne es ständig auszusprechen. Sprich Gottes Wort immer und immer wieder laut aus. Wenn du Gottes Wort „kaust", empfängst du Nahrung daraus. Meditation ist wie der Verdauungsprozess bei einer Kuh. Wenn wir das Wort auswendig lernen und immer wieder sagen, sehen wir Dinge, die wir vorher nie sahen, und wir empfangen Nahrung daraus. Gottes Wort entfernt die Schlacken aus dem Silber. Das Wort reinigt uns. Das Wort ist Feuer in dir. Das Wort bewirkt Leidenschaft in dir.

Wie erkannte man, dass Jesu Wort, das aus seinem Mund kommt, Autorität hatte?

✓ *Jesus sprach zum Wind und den Wellen.*
✓ *Jesus sprach zu den Toten.*
✓ *Jesus sprach zu den Umständen.*
✓ *Jesus sagte, dass wir dasselbe tun sollen.*

Woher kommen Flüche und wie lange dauern sie an?

Sünde ist Ungehorsam und der Fluch kann sich vier Generationen lang fortsetzen.

Nenne ein Beispiel der Fortsetzung eines Fluches!

Eine Frau wird Alkoholikerin. Sie trinkt, missbraucht ihren Körper, ist ungehorsam. Ihre Tochter fängt an zu trinken. Sie tötet ein Kind, als sie betrunken Auto fährt. Der Fluch wird weiter gereicht. Die Tochter der Tochter fängt an zu trinken. Eine Schwäche für Alkohol ist in die Familie gekommen. Diese Schwäche wird durch Vorbild übertragen, aber auch durch die Gene übertragen, die durch das Blut kommen. Die dritte Generation hat einen Sohn, der trinkt. Er sieht seine Mutter, seine Großmutter, Urgroßmutter trinken. Er lebt unter einem Fluch, der vor vier Generationen begann. Eines Tages trifft er eine Entscheidung und spricht ein Gebet. Er bittet Jesus ihm zu vergeben und in sein Leben zu kommen. Der Generationen Fluch über ihm ist gebrochen. Du bist unter keinem Fluch, wenn du an Jesus glaubst!

Warum beginnen Segnungen durch Gehorsam?

Wenn wir Gott gehorchen, beginnt der Segen. Ein Segen, der durch Gehorsam freigesetzt wurde, kann sich über tausend Generationen fortsetzen.

Wieso kommen die meisten Flüche und Segnungen durch den Mund?

Tod und Leben sind in der Gewalt (Machtbereich) der Zunge, und wer sie liebt, wird ihre Frucht essen. (Sprüche 18,21). Wir müssen vorsichtig sein, was wir sagen, weil wir Worte sprechen können, die von Generation zu Generation weitergereicht werden. Oder wir können Worte aussprechen, die Leben und Segen von Generation zu Generation weitergeben.

Acht Anhaltspunkte, um einen Fluch festzustellen in deinem Leben oder in deiner Familie!

- ➢ Geistige Krankheit.
- ➢ Chronische Krankheiten.
- ➢ Unfruchtbarkeit in der Familie.
- ➢ Gebrochene Ehen/Scheidungen.
- ➢ Armut
- ➢ Eine Neigung zu Unfällen.
- ➢ Selbstmorde und frühzeitige Tode.
- ➢ Sexuelle Flüche.

Wie wird man von einem Fluch befreit?

Da der Fluch durch Ungehorsam oder Sünde kam, musst du Buße tun, dann wirst du frei von Sünde.

Kapitel 22

Zellgruppen Leiter

Welche Faktoren haben keine Auswirkung auf das Wachstum von Zellgruppen?

- *Alter.*
- *Das Geschlecht einer Person.*
- *Sozialer oder wirtschaftlicher Status einer Person.*
- *Familienstand.*
- *Die Persönlichkeit eines Zellgruppenleiters.*
- *Geistesgaben.*

Welche Faktoren beeinflussen das Wachstum einer Zellgruppe positiv?

- *Zeit im Gebet.*
- *Gebet für die Mitglieder der Zellgruppe.*
- *Gastfreundschaft, alle Arten von sozialen Aktivitäten, auch Zeiten des Dienstes an Leuten.*
- *Anzahl der Besucher.*
- *Schulen neuer Leiter.*
- *Das Setzen von Zielen.*
- *Vorbereitung für die Zellgruppentreffen.*

Wie kann man erfolgreiche Zellgruppen Treffen organisieren?

- ❖ *Gebrauche die Bibel als höchste Autorität.*
- ❖ *Ermutige jeden in der Gruppe.*

- *Erlaube nie eine lehrmäßige Diskussion, die zum Streit führt.*
- *Gib der Gruppe Gelegenheit einander aufzubauen.*
- *Leite mit Liebe.*

Welche Verantwortung hat ein Leiter gegenüber seiner Gruppe oder Gemeinde?

Die Leiter müssen in ihrem geistlichen Leben ständig wachsen. Die Gruppe kann auch steif werden. Du musst dafür sorgen, dass die Gruppe entspannt bleibt, und die Zeiten miteinander genießt. Es muss Ehrlichkeit in der Gruppe herrschen. Habe keine Furcht davor, auch wichtige Themen zu besprechen. Du kannst dem Heiligen Geist vertrauen, der Lehrer zu sein. Um ein guter Leiter zu sein, musst du „Schock resistent" sein. Lerne richtig zu reagieren. Lerne einzugehen, nicht nur zu reagieren. Sei niemals richtend oder hart. Sei mit deiner Meinung nie zu dominant. Sei fröhlich und bewahre die Freude am Herrn in deinem Leben. Ein niedergeschlagener Geist trocknet die Gruppe aus. Ein fröhliches Herz bringt gute Besserung.

Kapitel 23

Persönliche Evangelisation

Welche falschen Motive für die Bekehrung zu Gott gibt es?

Anstatt die Kraft des Gesetzes zu nutzen, um Sünder zum Herrn zu treiben, suchte moderne Evangelisation eine andere Grundlage, um Sünder zur Reaktion auf das Evangelium zu bewegen. Die Sache, für die sich die moderne Evangelisation entschied, ist den Menschen eine „Steigerung der Lebensqualität" zu versprechen. Damit wurde das Evangelium verkürzt: Jesus schenkt dir Frieden, Freude, Liebe und Erfüllung!

Was ist das wahre Motiv für die Bekehrung zu Gott?

Als Gläubige wissen wir, dass die Gerechtigkeit Christi uns vor Gottes kommenden Zorn bewahren wird. Wenn wir Jesus mit dem richtigen Motiv als Herrn angenommen haben, nämlich dem kommenden Zorn zu entgehen, dann würden uns künftige Bedrängnisse nicht ärgerlich auf Gott machen, noch würden wir unsere Freude und Frieden verlieren. Diese Bedrängnis wurde uns noch näher zu Christus ziehen. Leider gibt es große Scharen bekennender Christen, die ihre Freude und ihren Frieden angesichts von Bedrängnis verlieren. Es besteht kein Grund, das Heilmittel einzunehmen, wenn du nicht davon überzeugt bist, dass du eine Krankheit hast. Das Gesetz überzeugt dich davon, dass du eine Krankheit hast, so dass du freudig das Evangelium annehmen kannst. Biblische Evangelisation ist immer: Gesetz für die Stolzen und Gnade für die Demütigen. Du wirst nie erleben, dass Jesus das Evangelium und die Gnade Gottes einer stolzen und selbstgerechten Person gibt. Mit dem Gesetz zerbricht er die harten Herzen und mit dem Evangelium heilt er die gebrochenen Herzen.

Was ist Atheismus?

Laut Wörterbuch ist Atheismus der Glaube, dass es keinen Gott gibt. Der italienische Diktator Mussolini saß als junger Mann auf einer Bergspitze, streckte seine Faust gegen den Himmel und sagte: „Gott, wen es dich gibt, dann schlag mich tot.“ Als Gott sich seinem Diktat nicht beugte, schloss Mussolini daraus, dass es keinen Gott gibt. Gott beantwortete sein Gebet jedoch einige Zeit später.

Vergleiche mit einer Coca-Cola Dose!

Ein Produkt weist immer auf einen Hersteller hin. Um eine Coca-Cola Dose herzustellen, braucht es einen Hersteller. Wenn sie entworfen wurde, muss es auch einen Entwickler geben. Etwas anderes zu glauben, bedeutet, sich in einen intellektuellen Freiraum und Niemandsland zu begeben. Genauso schwer, wie es ist, jemand zu überzeugen, dass niemand die Coca-Cola Dose entworfen hat, genauso wenig kann mich jemand davon überzeugen, dass es keinen Gott gibt. Die ganze Schöpfung bezeugt das Genie in Gottes kreativer Hand. Einer der besten Orte, ein Wunder der Schöpfung Gottes zu sehen, ist der Spiegel.

Der Beweis der Existenz Gottes!

Das Gebäude weist auf den Erbauer. Wenn du dir ein Gebäude anschaust, woher weißt du, dass es einen Bauherrn gibt? Das Gebäude ist der Beweis, dass es einen Bauherrn gibt. Ich brauche keinen Glauben, um das zu glauben, ich brauche nur Augen, um zu sehen. Dasselbe Prinzip gilt für ein Gemälde und den Maler. Dasselbe Prinzip lässt sich auf Gott anwenden. Alles, was ich brauche, um zu wissen, dass Gott existiert, sind Augen zum Sehen und Gehirn zum Denken. Ebenso wie ich keinen Glauben für einen

Bauherrn brauche, weil ich das Gebäude als Beweis habe, brauche ich keinen Glauben, um an Gottes Existenz zu glauben, weil die Schöpfung der Beweis dafür ist. Wenn ich jedoch wegen eines persönlichen Anliegens mit dem Schöpfer in Kontakt treten will, muss ich Glauben an Ihn haben. Wenn wir die Schöpfung betrachten, erkennen wir eine große Ordnung. Das Problem des Atheisten ist, dass er nicht nachdenkt, wenn er sagt, dass er nur das glaubt, was er mit eigenen Augen sehen kann. Es gibt viel Dinge, an die wir glauben, aber nicht sehen können. Beispiel: Die unsichtbaren Sendewellen einer Fernsehübertragung. Alles, was du brauchst, ist ein Empfangsgerät. Wenn ich einen Atheisten treffe, sage ich zu ihm; „Du glaubst also an nichts, was du nicht sehen kannst?" Dann frage ich ihn: „Hast du jemals dein Gehirn gesehen?" Er antwortet: „Nein". Dann sage ich: „Damit sagst du, dass es keinen Beweis für die Existenz deines Gehirns gibt." Gott sagt: „Nur ein Dummkopf sagt, dass es keinen Gott gibt."

Warum ist eine absolute Verneinung Gottes unmöglich?

„Es gibt keinen Gott" ist eine absolute Aussage. Damit diese Aussage wahr sein kann, brauche ich absolutes Wissen. Ich muss dafür allwissend sein. Jemand, der alles Wissen hat, würde alles über alles wissen. Er weiß wie viele Haare sich auf jedem Kopf befinden, welche Gedanken in jedem Herzen sind. Die ganze Geschichte würde wie ein offenes Buch vor ihm liegen. Er weiß über alles genau Bescheid. Nun, Herr praktizierender Atheist, sagen wir, sie hätten 1% des Wissens des Universums. Könnte es sein, dass im Rahmen des Wissens, das sie nicht besitzen, sich ein Beweis für die Existenz Gottes findet? Falls er vernünftig ist, wird er zugeben müssen: „Ja, das ist möglich." Aufgrund des begrenzten Wissens, das ich momentan habe, bin ich zu dem Schluss gelangt, dass es keinen Gott gibt. Somit ist er kein Atheist, sondern ein Agnostiker. Das lateinische Wort für agnostisch ist „ignoramous",

was sehr gut die intellektuelle Kapazität eines Mannes zusammen-
fasst, der ein Gebäude betrachtet, und nicht weiß, ob es einen Er-
bauer gibt.

Wie ist der Zustand vieler Christen?

Amerikanische Statistiken zeigen ein trauriges Bild, das auf den
Rest der Christenheit angewandt werden kann. Ein Artikel in einer
führenden Zeitung aus Dallas schrieb 1994, dass 68% aller Chris-
ten die Evangelisation nicht als oberste Priorität der Gemeinde
ansehen. Eine Umfrage ergab, dass 75% der Christen, die sich als
neu geboren bezeichnen, den Missionsbefehl nicht definieren kön-
nen. Eine Umfrage unter Lesern der Zeitschrift „Christianity To-
day" ergab, dass nur 1% der Leserschaft echten Eifer für die Ver-
lorenen hat. Der Rest hat es sich in einer sorglosen Welt gemütlich
gemacht.

Welchen dreifachen Feind lehrt uns die Bibel?

Die Bibel lehrt, dass wir einen dreifachen Feind haben. Die
Welt, das Fleisch und den Teufel. Wenn wir uns mit dem Fleisch
auseinandersetzen, sind wir gleichzeitig mit der Welt und dem Teu-
fel konfrontiert. Wenn wir das Fleisch kreuzigen, wird die Welt
keine Anziehungskraft auf uns haben, und der Teufel findet keinen
Raum in uns.

Wir sind für das Gesetz tot, durch den Leib Christi!

„So seid auch ihr, meine Brüder, im Gesetz getötet worden
durch den Leib des Christus, um eines anderen zu werden, des aus
den Toten Auferweckten, damit wir Gott Frucht bringen!" (Römer
7,4)

Was meint die Bibel mit Frucht? Welche Arten von Frucht gibt es?

❖ *Frucht der Buße. (Matthäus 3,8)*
❖ *Frucht guter Werke. (Kolosser 1,10)*
❖ *Frucht der Danksagung. (Hebräer 13,15)*
❖ *Frucht des Geistes. (Galater 5,22)*
❖ *Frucht der Gerechtigkeit. (Philipper 1,10)*

Welche Gefahr besteht von falsch Bekehrten in der Gemeinde?

○ *Sie wollen nichts weiter als Seelsorge.*
○ *Sie rauben dir deine Zeit.*
○ *Sie sind Zuhörer und nicht Täter des Wortes.*
○ *Sie brauchen keine Seelsorge, sie brauchen Buße.*

Weil sie keine Frucht haben, versuchen sie es durch Zweige oder Blätter zu ersetzen. Weil ihnen die Frucht des Geistes mangelt, versuchen sie das durch äußerliche Dinge zu kompensieren. Sie versuchen durch Zweige und Blätter zu beeindrucken. Die Wölfe warten im Hintergrund, um die schwachen Schafe zu reißen. Darum müssen wir die aussondern, die Spaltungen hervorrufen. Der wahre Bekehrte bleibt ungeachtet aller Widrigkeiten standhaft. Jesus sandte seine Lämmer mitten unter die Wölfe. (Lukas 10,3).

Nenne wichtige Qualifikationen für Evangelisation!

○ *Du brauchst keine hervorragende Rhetorik oder Redegabe.*
○ *Du musst unbedingt Schwäche mitbringen.*
○ *Du musst Angst haben.*
○ *Du musst von großem Zittern erfüllt sein.*
○ *Du musst Enthusiasmus mitbringen.*

Denn nur dann kann Gott in dir sein und dir sein Feuer geben. Wenn du in Gott bist und Gott ist in dir, dann muss Feuer in dir stecken. Gott will seine Diener zu Feuerflammen machen.

Welche drei biblische Prinzipien für Gott zu brennen, gibt es?

- *Glaube an Gottes Verheißungen.*
- *Motivierende Liebe zu Gott.*
- *Die motivierende Kraft des Erbarmens.*

Was ist die motivierende Kraft des Erbarmens?

o „Wenn jemand nicht geschrieben gefunden wurde in dem Buch des Lebens, so wurde er in den Feuer See geworfen." (Offenbarung 20,11-15).

o Wenn wir den Schrecken Gottes verstanden haben, werden wir Menschen davon überzeugen, von ihren Sünden umzukehren.

o Ein weiterer Grund, warum wir Menschen kein Zeugnis geben, ist, weil wir sie nicht kennen.

o Wir sollten die Menschen kennenlernen.

o Wir müssen mitten unter einem verkehrten und verdorbenen Geschlecht leben und unser Licht leuchten lassen.

o Wir können mehr Eifer aus Liebe zum Geld aufbringen als aus Liebe zu Gott und unseren Mitmenschen.

o Wenn uns unsere Nächsten wirklich wichtig sind, wenn wir sie lieben, wie wir uns selbst lieben, dann werden wir auch versuchen, die zu retten, die verloren sind.

o Wir werden zu Gott rufen und ihn um Weisheit bitten: „Oh Gott, mache aus mir einen aufrichtigen und treuen Zeugen!"

Kapitel 24

Geistlicher Kampf

Wir müssen die ganze Waffenrüstung Gottes anziehen warum?

Der Teufel hat listige Pläne gegen uns! Nur mit der ganzen Waffenrüstung Gottes können wir unseren festen Stand gegen die Listen des Teufels bewahren. Wir kämpfen gegen die Pläne und Strategien des Teufels. Wenn es Pläne gibt, muss eine Intelligenz dahinterstehen. Wenn es eine Intelligenz gibt, muss eine Persönlichkeit da sein.

Eine unbiblische Vorstellung besagt: Alles Gute und Böse sind nur unpersönliche Energiesysteme. Die biblische Vorstellung ist: Alles Gute und Böse kommt von Persönlichkeiten. Alles Gute im Universum kommt von einer Person: Gott. Es gibt sowohl menschliche und dämonische Persönlichkeiten, die Menschen beeinflussen.

Geistliche Kampfführung erkennt, wenn der Feind zu dir redet. Sie hören, was wir sagen, und entwickeln einen Angriffsplan. Sie denken und überlegen: Was ist die Natur des Kampfes? Es ist ein Kampf gegen sprechende und denkende Persönlichkeiten. Jakobus 4,7 sagt: „Widerstehe dem Teufel, und er flieht vor dir!" Jeder Bereich von Okkultismus und Hexerei in der Welt beweist, dass Strategien dahinter existieren.

Was beinhaltet geistliche Kampfführung?
* *Erkennen der Strategien des Feindes.*
* *Die Weigerung mit diesen Strategien zu kooperieren.*

- *Diesen Strategien kämpferisch im Namen Jesu zu widerstehen.*

Stelle dir den Charakter des Teufels vor. Wer ist er?
- *Er ist Ankläger.*
- *Er ist ein Zerstörer.*
- *Er ist ein Mörder.*

Was ist unsere ewige Stellung in Christus?
- ○ *Wir haben eine Beziehung zu Gott.*
- ○ *Wir haben eine ewige Rettung.*
- ○ *Gott ist fähig, uns vor dem Fallen zu bewahren.*
- ○ *Wir sind neue Geschöpfe in Christus.*

Was ist das Gebet des geistlichen Kampfes?

„Mit allem Gebet und Flehen betet zu jeder Zeit im Geist, und wacht hierzu in allem Anhalten und Flehen für alle Heiligen, und auch für mich! Damit mir Rede verliehen werde, wenn ich den Mund öffne, mit Kühnheit das Geheimnis des Evangeliums bekanntzumachen.“ (Epheser 6, 18-19)

Wie beten wir im Heiligen Geist?

Wir müssen alle Dinge entfernen, die den Fluss des Heiligen Geistes in unserem Leben hindern können. Vielleicht hast du dein Leben einmal dem Heiligen Geist unterstellt und wurdest vom Geist Gottes erfüllt. Aber wie sieht es heute damit aus? Erlebst du es in deiner täglichen Gebetszeit? Wir können den Heiligen Geist verdrängen. Wir können den Heiligen Geist betrüben. Jedes Mal,

*wenn wir kommen, um zu beten, müssen wir unser Leben untersu-
chen. Beten im Geist bedeutet, sich dem Heiligen Geist unterzu-
ordnen. Dem Heiligen Geist muss erlaubt werden, zu fließen. Gott
tut nur Dinge auf der Erde durch seinen Geist. Dieser heilige Geist
arbeitet nur durch ausgelieferte Gefäße.*

Was bedeutet es, sich dem Heiligen Geist unterzuordnen?

o *Es bedeutet, sein Wirken zu gestatten.*
o *Es bedeutet, uns selbst hinzugeben.*
o *Es bedeutet, Gott zu suchen.*
o *Es bedeutet, uns auf ihn zu konzentrieren.*
o *Es bedeutet, unter die Salbung zu kommen.*

Was sind sichtbare Zeichen der Unterordnung in der Bibel?

o *Stehen in der Versammlung.*
o *Knien und beten.*
o *Die Hände zu Gott erheben.*
o *Augen schließen im Gebet.*
o *Nach vorne kommen.*
o *Jesus heilte alle, die zu ihm kamen.*
o *Um die Mauern von Jericho marschieren.*
o *Moses erhob seine Arme während der Schlacht.*

Was meint man unter Beten in der Kraft des Geistes?

*Beten im Geist ermöglicht es dem Heiligen Geist, unser Gebet
mit seiner Kraft zu füllen und zu verstärken. Das biblische Bild
vom Gebet ist das eines Windes oder Flusses von Wasser. Warum
ist das so wichtig? Ein starker Wind von Bösem weht über unsere
Gesellschaft. Die einzige Art, wie wir den Feind zurückdrängen
und das Reich Gottes freisetzen können, ist durch die Kraft des*

Betens im Geist. Beten im Geist beinhaltet Beten in Zungen. Aber es umfasst auch Gebet in bekannter Sprache, unter der Leitung des Heiligen Geistes.

Was sind Türen, die wir schließen müssen?

Der Verstand. Obwohl wir im Fleisch wandeln, kämpfen wir nicht nach dem Fleisch; denn die Waffen unseres Kampfes sind nicht fleischlich, sondern mächtig für Gott zur Zerstörung von Festungen; so zerstören wir Vernünfteleien und jede Höhe, die sich gegen die Erkenntnis Gottes erhebt, und nehmen jeden Gedanken gefangen unter den Gehorsam Christi. (2.Korinther 10,3-5)

Das Herz. Wem ihr etwas vergebt, dem vergebe auch ich; denn auch ich habe, was ich vergeben habe – wenn ich etwas zu vergeben hatte – um euretwillen vergeben vor dem Angesicht Christi, damit wir nicht vom Satan übervorteilt werden; denn seine Gedanken sind uns nicht unbekannt. (2.Korinther .2,10-11).

Der Mund. Von der Frucht des Mundes eines Mannes wird sein Inneres satt, am Ertrag seiner Lippen isst er sich satt. Tod und Leben sind in der Gewalt der Zunge, und wer sie liebt, wird ihre Frucht essen.

Beziehungen. Wahrlich, ich sage euch: „Wenn ihr etwas auf der Erde binden werdet, wird es im Himmel gebunden sein, und wenn ihr etwas auf der Erde lösen werdet, wird es im Himmel gelöst sein." (Matthäus 18, Vers 18)

Wie verstehen wir das Tor der Täuschung und Finsternis?

„Der Gott dieser Welt hat den Sinn der Menschen verblendet." (2.Korinther 4,4). Die religiösen Systeme, Philosophien und Irrtümer. Der Feind baut die religiösen und philosophischen Systeme

auf, um den Verstand und das Denken der Menschen zu verblenden.

Was können wir deswegen tun?

Wir brechen sie nieder im Namen von Jesus und treiben die Finsternis über Nationen und Menschen zurück! Wir müssen das Evangelium predigen! Du kannst geistlichen Kampf nicht von Evangelisation trennen. Der Hauptgrund für den geistlichen Kampf: Menschen zu retten und die Gemeinde aufzubauen. Wenn wir Finsternis aus der Welt haben wollen, dann müssen wir das Licht hineinbringen.

Welche falschen Vorstellungen gibt es bezüglich Autorität?
o   Eine Frage der Persönlichkeit.
o   Hängt von Gefühlen ab.
o   Nur etwas für langjährige Christen.
o   Männlich oder weiblich.

Welche Vorstellungen hat die Bibel in Bezug auf Autorität?
o   Sie kommt vom Heiligen Geist.
o   Jeder Christ kann sie ausüben.

Warum müssen wir diese Dinge der Autorität wissen?

Weil der Teufel ein Rechtsexperte ist, der genau weiß, wie viel Autorität wir besitzen. Wir müssen wissen, dass wir Autorität haben, alle Gegenangriffe des Teufels zunichtezumachen. Autorität ist das Thema in der gesamten Geschichte. Gott gab dem Menschen Autorität, als er ihn erschuf. Der Mensch gab dem Teufel seine Autorität durch Ungehorsam. Gott kam als Mensch in Jesus

Christus, um den Gehorsam zu wählen, und so die Autorität vom Feind zurückzuholen. Jesus stand von den Toten auf und gab seine ganze Autorität der Gemeinde. Die Gemeinde muss diese Autorität auf der Erde durch Binden und Lösen ausüben. Wenn wir dem Teufel nicht widerstehen, wird er nicht aufhören, Dinge zu tun.

Was ist die Pforte in unserer offensiven Kampfführung?

Die Pforte in unsrer offensiven Kampfführung ist die Pforte von angestauter Sünde. Wenn Menschen über einen längeren Zeitraum auf eine bestimmte Art sündigen, dann wird die Pforte immer größer. Sie wird stärker und stärker. Manchmal nennen wir dies, eine Festung. Die Bibel gebraucht auch das Wort „Mächte". Das ist etwas, was an Stärke gewinnt. Je mehr du auf eine bestimmte Weise sündigst, desto stärker wird der Zugriff, den der Feind gewinnt. Wir können es auch Gebundenheit nennen. Verschiedene Begriffe werden verwandt, die wir verstehen müssen.

Was sagt uns Psalm 149,5-8 über Lobpreis und Lehre?

„Die Frommen sollen jubeln in Herrlichkeit, jauchzen sollen sie auf ihren Lagern! Lobpreis Gottes sei in ihrer Kehle und ein zweischneidiges Schwert in ihrer Hand, um Rache zu vollziehen an den Nationen, Strafgerichte an den Völkerschaften, um ihre Könige zu binden mit Ketten, ihre Edlen mit eisernen Fesseln, um das schon aufgeschriebene Gericht an ihnen zu vollziehen! Das ist Ehre für alle seine Frommen. Halleluja!"

Kapitel 25
Dienst der Versöhnung

Warum ist Unwissenheit sehr gefährlich?

In der Geschichte sehen wir, dass Unwissenheit zu den Elementen der Gesellschaft gehört, die Gewalt am stärksten fördern. Was wir nicht verstehen, fürchten wir und sind tendenziell dagegen. Wenn wir einander nicht verstehen, ist es einfach, Furcht Raum zu geben und Spaltungen zu schaffen, die die Menschheit trennen.

Definition von Volksgruppe!

Eine gemeinsame Kultur, Sprache, religiöser Glaube und Ort geographischer Abstammung.

Definition von Rassen!

Eine Klassifizierung, die auf der willkürlichen Auswahl körperlicher Eigenschaften beruht, wie zum Beispiel Hautfarbe, Gesichtsform oder Augenkontur.

Die Trichotomie des Menschen ist der Ausdruck der Haushalterschaft, die Gott Adam gab, als er ihm die Herrschaft über die Erde übertrug. Welche drei Verantwortungen gehören zur Haushalterschaft?

Geistlich: *Empfangen, Bewahren und Lehren der Erkenntnis Gottes.*
Intellektuell: *Erweiterung und Lehren des Wissens über die von Gott geschaffene Welt.*

Physisch: *Versorgung mit materiellen Mitteln für die menschlichen Bedürfnisse. Dies befähigt ihn, seine geistlichen und intellektuellen Funktionen effektiver auszuüben.*

Was ist der Missionsbefehl?

Im Missionsbefehl von Markus 16.15 werden wir aufgefordert, das Evangelium jeder Kreatur zu predigen; also jedem Individuum. Im Missionsbefehl von Matthäus 28.19 wird uns befohlen, alle Nationen zu lehren. Die Nation besteht aus vielen Individuen.

Was wird Jesus bei seiner Wiederkunft richten?

Wenn Jesus wiederkommt, wird er Individuen und Nationen richten, ob sie mit dem, was er ihnen anvertraut hat, Frucht gebracht haben.

Was ist der Leib Christi?

„Denn wie der Leib einer ist und viele Glieder hat, alle Glieder des Leibes aber, obgleich viele, ein Leib sind: so auch der Christus." (1.Korinther 12,12). Der Leib Christi ist das zweite Modell, um Gottes Absicht zu erfüllen, eine gegenseitige Abhängigkeit unter Gläubigen zu schaffen. Wir dürfen uns nicht gegenseitig aufgrund unserer Hautfarbe oder der körperlichen Merkmale beurteilen. Wir sollen einander gemäß der Beiträge beurteilen, die wir durch Gottes Gnade der menschlichen Gesellschaft beisteuern.

Welche zwei Erbteile lt. Johannes 1,13 gibt es?
- *Ein natürliches Erbe, das uns mit der Erde identifiziert.*
- *Ein geistliches Erbe, das uns mit Gott identifiziert.*

Solange du deine Identitätskrise durch natürliche Identifika-
tion lösen willst, wirst du niemals dein wahres Potential als Eben-
bild Gottes entdecken. Was ein Mensch über seinen Ursprung
glaubt, bestimmt auch, was er über seinen Lebenszweck und seine
Bestimmung glaubt.

Warum ist die Macht des Todes die Furcht?

"Jesus kam, um durch seinen Tod den zunichtezumachen, der
die Macht des Todes hat, den Teufel, und um alle zu befreien, die
durch Todesfurcht das ganze Leben hindurch der Sklaverei unter-
worfen waren." (Hebräer 2,14-15). Menschen wurden durch die
Angst vor dem Tod gefangen gehalten. Die Macht des Todes ist
Furcht. Die Macht Satans ist Furcht. Furcht war die erste Erfah-
rung Adams nach dem Sündenfall. Satans Macht über unser Le-
ben ist durch Furcht, die er in uns legt. Furcht wird durch Unwis-
senheit genährt. In dem Moment, wo die Erkenntnis kommt, geht
die Furcht.

Hat uns Gott den Geist der Furcht gegeben?

Nein. "Gott hat uns nicht einen Geist der Furcht gegeben, son-
dern der Kraft und der Liebe und der Zucht." (2.Timotheus 1,7).
Jesus kam, um Satans Macht der Furcht zu zerstören, indem er
uns die Erkenntnis Gottes brachte. Wenn die Erkenntnis Gottes
kommt, muss Furcht weichen. Wenn die Liebe Gottes in einem
Gläubigen reift, dann treibt dieses Verständnis die Furcht aus.

Was sind die Auswirkungen von Furcht?

Wegen ihrer Ängste versuchten die Menschen, Gott zu begren-
zen, und verloren dadurch Gottes ursprüngliche Offenbarung.
Gott musste sich der menschlichen Gesellschaft neu offenbaren,

indem er Abraham persönlich begegnete. Abraham wurde aus einer Gesellschaft, die viele Götter anbetete, von Gott herausgerufen. Er sollte zu einer neuen Nation werden. Aus Abraham sollte ein Same (das ist Christus) hervorgehen, der die Menschheit wieder zurück in die Einheit in Christus bringen würde. Satan hat die durch Unwissenheit geschürte Furcht benutzt, um Trennung in der menschlichen Gesellschaft aufrecht zu erhalten. In Jesus Christus fand diese Angst ihr Ende.

In welche Kategorien lassen sich die Werke des Fleisches einteilen?

- *Unkontrollierte Leidenschaft; ausgedrückt durch Ehebruch, Unzucht und Unreinheit.*
- *Aberglaube durch Götzendienst und Zauberei.*
- *Soziale Unordnung durch Hass, Verachtung und Eifersucht.*
- *Sünden der Ausschweifung durch Trunkenheit und Festgelage.*

Was sind die Werke des Teufels lt. Johannes 8,44?

- *Satan ist der Vater der Lüge.*
- *Täuschung fasst in einem Wort die Werke des Teufels zusammen.*
- *Durch Täuschung und Lügen baut der Teufel Ängste auf.*
- *Jesus nannte Erkenntnis den Schlüssel, der die Tür der Angst öffnet.*
- *Der Teufel hat das Denken der Menschen verfinstert.*
- *2. Thessalonicher 2.8-10 nennt den Teufel den Verführer der Massen.*

- *Offenbarung 20,3 nennt den Teufel den Verführer der Nationen.*

Wie wird die Furcht genährt?

Mangelt es an Kommunikation, dann fehlt auch das gegenseitige Verständnis füreinander. Mangelt es an Verständnis, dann ist Raum für die Angst vorhanden, und auch für die Macht des Teufels.

Wie zeigt sich das Herz eines Menschen, das durch das Evangelium beeinflusst wurde?

Wenn das Herz eines Menschen durch das Evangelium Jesu Christi beeinflusst wurde, zeigt sich das in einem neuen Lebensstil, und drückt sich im sozialen, politischen und wirtschaftlichen Bereich aus. Die geistliche Auswirkung des Evangeliums ist die Errettung der Seele. Die soziale Auswirkung des Evangeliums ist eine Leidenschaft für Gleichheit und Gerechtigkeit in der menschlichen Gesellschaft. Ich bin bereit, mich jenseits rassistischer, ethnischer und konfessioneller Grenzen zu bewegen. Ich werde eins mit meinem Bruder. Das ist der Dienst Jesu Christi. Das ist der Dienst der Versöhnung. Das ist Gottes Reich und die Hoffnung der Herrlichkeit.

Kapitel 26
Die Christus Verbindung

Welche Tatsache setzt das übernatürliche Wunderleben in uns frei?

Alles, was Jesus angefangen hat, zu tun und zu lehren. Unser Vorbild ist Jesus Christus.

Was macht den christlichen Glauben zu mehr als einer Religion?

Wir werden das Leben Jesu durchdenken. Achte auf die Worte: „Bis zu dem Tag, an dem Er in den Himmel aufgenommen wurde." (Apostelgeschichte 1,2).

Was bringt Gottes Bestes in einem Menschen hervor?

Jesus gab seinen Nachfolgern Gebote durch den Heiligen Geist. Unsere Reaktion auf seine Befehle.

Was passiert, wenn wir entdecken, wie sehr Gott uns vertraut?

Er gab denen Weisung, die ER ausgewählt hatte. Was ist unsere Reaktion? Da ER uns erwählt hat, verlässt ER sich auf uns und glaubt an uns! Wie reagieren wir auf diese Erkenntnis?

Was macht unser christliches Zeugnis glaubhaft?

Jesus zeigte sich durch viele Beweise als auferstandener Herr. Er bürgt für unser Zeugnis.

Wie wirkt Jesus heute in unserer Welt?
- *In unserer Nation.*
- *In unserer Umgebung.*
- *Durch unseren rechtlichen Status.*
- *Jesu Gegenwart in uns bringt den Teufel in Schwierigkeiten.*

Warum sollten wir die Apostelgeschichte als unser Evangelium ansehen?

Beachte das „Amen" am Ende der Bücher des Neuen Testaments. Die Apostelgeschichte hat kein solches „Amen". Die Nachfolger Christi haben die Arbeit fortgesetzt. Es gibt keine Ende für die Werke, die Jesus tat. Wir müssen da weitermachen, wo die ersten Christen aufhörten. Wenn heute die Bücher über die Taten der Apostel beschreiben würden, wären wir ein Teil davon. Man könnte es die „Taten der Gläubigen" nennen.

Was predigte Philippus in Samaria?
- *Jesus ist unser Vorbild.*
- *Jesus ist unser Mentor.*
- *Jesus ist unser Leiter.*

Warum sollen wir auf Jesus schauen?
- ✓ Er litt und er trug das Kreuz.
- ✓ Wir sind ein Teil von ihm. Unser Haupt wir sein Leib.
- ✓ Er ist in mir.
- ✓ Ich bin in Ihm.
- ✓ Sein Geist ist in mir.
- ✓ Ich bin sein Botschafter.
- ✓ Ich habe keine Religion.

Warum gab uns Jesus sein Blut?

Jesus gab uns sein Blut, um uns zu erlösen und unsere Gemeinschaft mit Gott wiederherzustellen. Das Problem der Sünde hat er gelöst. Wir waren getrennt, jetzt sind wir durch sein Blut wieder zusammen.

Welche falschen Vorstellungen von Gott haben die Menschen?

✓ *Die Leute wollten keine Errettung, da sie bereits eine Vorstellung über Gott hatten.*

✓ *Sie hatten in ihren eigene Religion, ihren eigenen Gott.*

✓ *Menschen bekriegen sich für Religion.*

✓ *Keine Religion offenbart Gott.*

✓ *Sie suchten Gott nicht.*

Was zeigte uns Jesus?

❖ *Jesus zeigte uns, dass Gott mehr interessiert ist an Menschen als an Gesetzen.*

❖ *Jesus zeigte uns, dass Gott mehr interessiert ist an Menschlichkeit als an heiligen Ritualen.*

❖ *Jesus zeigte uns, dass Gott mehr interessier, ist an Kommunikation, als an Geboten.*

❖ *Jesus zeigte uns, dass Gott mehr interessiert ist an Gnade als an Gericht.*

Was ist die Wunder-Verbindung?

Ohne Wunder-Verbindung ist das Christentum nur eine weitere tote Religion. Wahres Christentum ist ein von Wundern geprägtes Leben.

Welche 7 Prinzipien der Christus-Verbindung gibt es?

- *Gott liebt dich.*
- *Gott glaubt an dich.*
- *Gott ist an dir interessiert.*
- *Gott vertraut dir.*
- *Dies ist eine göttliche Verabredung mit dir, in der Gott durch Seine Wahrheit zu dir kommt.*
- *Ich habe bewiesen, dass das Evangelium heute noch dasselbe ist.*
- *Das Gleiche, was im Dienst Jesu und der Apostel geschah, will Gott auch durch dich tun.*

Warum kam Jesus, um uns sich selbst zu zeigen?

Jesus war unser Modell. Er wurde Fleisch. Er wohnte unter uns. Wir sahen seine Herrlichkeit. Wir sahen ihn. Er war voller Gnade und Wahrheit. Aus seiner Fülle haben wir alle empfangen, und zwar Gnade um Gnade. (Johannes 1,16). Das Gesetz ist durch Mose gegeben. Gnade und Wahrheit sind durch Jesus Christus geworden. Niemand hat Gott je gesehen. Der eingeborene Sohn hat Ihn kundgemacht.

Warum ist Jesus unsere Inspiration?

Wenn wir Jesus anschauen, sehen wir Gott. Er zeigte uns, wie wir sein könnten. Er demonstrierte uns Gott in menschlicher Gestalt. Wenn du Jesus Christus empfangen hast, repräsentierst du Gott in menschlicher Gestalt.

Was hat Gott in uns durch Jesus bewirkt?

Gott ist gekommen, um in uns zu wohnen. Wir haben gelernt, wie ein Leben mit Jesus funktioniert. Gott hat uns durch Jesus heilig gemacht. Dies können wir nicht selbst vollbringen. Gott hast uns den einzigen Weg zur Heiligkeit durch Jesus zu erkennen gegeben.

Was ist das Evangelium des Reiches Gottes?

- *Gott schuf diese Welt und ihm gehört diese Welt.*
- *Er hat das Recht, diese Welt zu regieren.*
- *Er will uns regieren. Es ist sein Reich in dieser Welt.*

Wie hat er das Reich Gottes verkündigt?

Indem er zeigt, dass Christus in dir lebt und durch dich dient. Christus hat das Reich Gottes als „nahe herbeigekommen" (Markus 1,15) verkündet und vielfältig veranschaulicht, etwa durch Heilungswunder, Gleichnisse und Reden wie zum Beispiel in der Bergpredigt.

Wie predigte Jesus das Evangelium des Reiches Gottes?

- *Das Reich Gottes ist nahe herbeigekommen.*
- *Gott wird den Menschen einen neuen Geist geben.*
- *Gott wird in ihnen leben.*

Wie kann ich meine Haltung bezüglich der Religion ändern?

Eine Religion wird dich nicht erretten. Tue Buße und wirf diese Religion weg. Das alte System wird nicht funktionieren. Die „gute Nachricht" ist das Evangelium darüber, was Jesus für dich tat.

„Jesus trug unsere Sünden." Wir können gerettet werden. Wir können geheilt werden. Er durchlitt unsere Schmerzen. Tue Buße und glaube an das Evangelium.

Wie ist der Bericht über den Dienst von Jesus?

Wir haben vier Berichte über den Dienst von Jesus in Matthäus, Markus, Lukas und Johannes. Der Dienst Jesu dauerte 3 ½ Jahre. Er kam, um uns zu zeigen, wie Gott ist. Er kam, um uns zu zeigen, wie wir selbst sind. Er demonstrierte uns Gott. Er demonstrierte dein Potential in Gott. Er trug unsere Sünden, Krankheiten und Strafe. Er vergoss sein Blut und gab sein Leben, damit wir es nicht müssen. Der Lohn der Sünde ist der Tod. Niemand bat um einen Retter. Obwohl wir ihn nicht wollten, hat er uns gewollt. Gott liebte uns. „Denn so hat Gott die Welt geliebt, dass er seinen eingeborenen Sohn gab, damit jeder, der an ihn glaubt, nicht verlogen gehe, sondern ewiges Leben habe." (Johannes 3,16).

Was bringt Gottes Bestes in uns hervor?

Selbst wenn wir noch nicht bekehrt sind. Gott liebt dich. Er hat dich geschaffen. Er sorgt sich um dich. Gottes Herz brennt dafür, Menschen sein Licht zu geben. Er will sie retten. Er will sie heilen. Sie sind erkauft und der Preis ist bezahlt.

Woher kommen Krankheiten?

Es ist dem Teufel nicht gegeben, den Menschen nach Belieben mit Krankheit zu schlagen. Grund für Krankheit liegt im Sündenfall von Adam und Eva. (Römer 8.22-23)

Auch Gott hat Krankheit geschickt! (Hiob 2.4-7) (Markus 9.25)

Jedoch: Matthäus 7.11 Wenn nun ihr, die ihr böse seid, euren Kindern gute Gaben zu geben wisst, wie viel mehr wird euer Vater, der in den Himmeln ist, Gutes geben denen, die ihn bitten!

Gott will durch Krankheit Gutes in unserem Leben bewirken, er will erreichen, dass wir zum Beispiel seinen Sohn mehr verherrlichen (Johannes 11.4)

Uns selbst und ihn besser kennenlernen (Hiob 42.5-6)

Mehr ausharren (Jakobus 1.2-4)

Uns im Glauben bewähren (1.Petrus 1.6-7)

Unsere Hoffnung auf ihn richten (Römer 5.1-5)

Natürlich können Christen krank werden. Das ist so, weil unser Körper im Gegensatz zur Seele noch nicht erlöst ist. (Römer 3.24 und Römer 8.23) (2.Korinther 5. 1-4)

Was heißt, er ist der Geist, und ich das Fleisch?

Er gibt mir den Heiligen Geist und ich gebe ihm mein Fleisch. Wir gehen zusammen. Er ist für mich mein Leben. Das ist es, worum es im Leben geht. Als erstes ist er unser Vorbild, unser Maßstab.

Was begründet das Christentum?

Die Basis des Christentums ist die Auferstehung. Jesus bietet uns greifbare Beweise an. Wenn es in der Christenheit keine Zeichen und Wunder gäbe, wäre es nur eine weitere tote Religion. Christentum ohne Wunder ist ein Ritual, ein Glaubensbekenntnis, ein Dogma und eine Routinehandlung. Christ sein bedeutet, keine religiösen Rituale auszuüben. Das Christentum ist ein Leben. Als das Christentum in Jesus und seinen Nachfolgern geboren wurde, war das Ende aller Religionen gekommen. Religion war damit überholt, da jetzt durch Jesus Christus eine direkte Verbindung zu Gott möglich war. Die Welt empfing Hoffnung.

Was geschah nach der Auferstehung Jesu Christi?

Jesus erschien seinen Jüngern 40 Tage lang nach seiner Auferstehung. Er lehrte sie die Dinge, die das Reich Gottes betreffen. Der auferstandene Jesus kam zurück, um durch uns zu regieren. Er hat das Lösegeld bezahlt. Dann setzte er sich auf seinen Thron zur Rechten des Vaters. Jedoch lebt Jesus Christus durch den Heiligen Geist gleichzeitig in uns.

Welche 4 Punkte sollte eine Predigt enthalten?

- *Die Welt muss erfahren, woher wir kommen.*
- *Die Welt muss erfahren, dass wir die Schöpfung des allmächtigen Gottes sind, der das Universum erschaffen hat.*
- *Die Welt muss erfahren, dass Gott uns erschaffen hat.*
- *Die Welt muss erfahren, wie Gott ist. Er ist gut, wir sind seine Geschöpfe.*

Er befreite uns aus dem Reich der Finsternis. Was schließt das alles ein?

- ❖ *Krankheiten*
- ❖ *Hass*
- ❖ *Lust*
- ❖ *Mord*
- ❖ *Diebstahl*
- ❖ *Geiz*
- ❖ *Neid*
- ❖ *Jähzorn*

Gott hat uns mit Jesus emporgehoben, damit wir sein Wesen empfangen. Unsere Beziehung zu Gott kann durch das Opfer Jesu wiederhergestellt werden, als hätten wir nie zuvor gesündigt, genau wie Jesus.

Was ist das Einzigartige am Christentum?

Das Christentum ist der einziger Glaube, in der ein Prediger aufsteht, um zu beten, worauf Kraftwirkungen, Zeichen und Wunder geschehen. Zeichen und Wunder sind grundlegende Prinzipien der Christenheit. Jesus sagte: „Wenn ihr keine Zeichen und Wunder seht, werdet ihr nicht glauben!"

Kapitel 27

Lebensstil des Gebens

Was ist das wichtigste Geheimnis?

Lebe, um von Herzen ein Geber zu sein! Lebe, um zu segnen. Lebe, um zu dienen. Lebe, um zu geben. Lebe so, wie Jesus lebte! Er ist unser Vorbild. Er gab sich Selbst. Wir müssen und können durch Seine Gnade, seinen Fußspuren folgen.

Was gab Gott?

Seinen einzigen Sohn.

Warum seinen einzigen Sohn?

Als Lösegeld für eine verlorene Menschheit.

Warum einen Lebensstil des Gebens?

Wenn wir einen Lebensstil des Gebens lernen, dann leben wir in einer völlig neuen Dimension des Lebens. Es ist ein Leben der Freude, des Segens und der Freisetzung. Es ist ein Leben, andere zu segnen.

Was können wir außer Geld noch geben?

- *Ein Lächeln oder eine christliche Umarmung.*
- *Gebet.*
- *Jemand besuchen, der krank oder im Gefängnis ist.*
- *Jemandem zuhören und Verständnis zeigen.*

Was meint man unter Geistlichkeit und Besitz?

Es ist unmöglich, unser geistliches Leben von unserem materiellen Besitz zu trennen. Wir können unseren Besitz nicht mitnehmen, wenn wir sterben. Jede gute Tat, jedes Gebet und jedes Geschenk, das wir machen, werden von den Engeln im Himmel gesehen. So schicken wir unsere Gaben zum Himmel voraus. „Sammelt euch aber Schätze im Himmel." (Matthäus 6,20). Wer wird gemäß unserer Werke belohnt.

Was ist sehr wichtig in unserem Leben?

Gott zu kennen und den Willen Gottes tun. Das ist die einzige Richtschnur, die du für dein Leben brauchst. Gottes Wille schließt unseren täglichen Dienst an denen mit ein, die uns brauchen. Was nützt es, alle Güter der Welt zu besitzen, ohne Frieden im Herzen zu haben? Wie gesegnet sind wir, wenn wir Frieden im Herzen haben, auch ohne viele weltliche Güter. Frieden entsteht durch eine Beziehung, nicht durch Besitz.

Wie beginnt man einen Lebensstil des Gebens?

Erkenne, dass Gott alles gehört. Wir sind nur Haushalter. Wem viel gegeben ist, von dem wird viel gefordert. Beginne ein Leben des Gebens, indem du das weitergibst, was du gerade besitzt. (Zeit, Geld, Weisheit, Liebe, Hilfe…). Gib mit einem dankbaren Herzen. Dankbarkeit sollte sich durch unsere Taten ausdrücken, nicht nur durch unsere Worte. Gib mit den richtigen Motiven. Alles was wir tun, sollte zur Ehre unseres Gottes sein. Gib freudig und großzügig. Unser Geben soll mit freudigem Herzen geschehen. Jedes Geschenk ist eine ausgestreute Saat. Gib im Glauben. Wenn wir geben, sollten wir zwei Dinge erwarten: Dass unsere Gabe eine Not lindert, und dass wir eine Ernte empfangen, um mehr zum Säen zu haben. Stoße in diese Dimension des Lebensstils des Gebens vor. Es ist ein herrlicher Lebensstil des Sieges. Er funktioniert!

Wie funktioniert eine geistliche Sehkraft?

- *Ein kurzsichtiger Christ ergreift einfach das, was zeitlich begrenzt ist, als ob er 1.000 Jahre zu leben hätte.*
- *Ein weitsichtiger Christ kann zwar bis in den Himmel sehen, sieht aber nicht die Bedürfnisse seiner Nächsten.*
- *Ein schielender Christ will weder auf der Erde noch im Himmel etwas verpassen. Daher kann er keine von beiden Welten genießen.*
- *Christen mit guter Sehschärfe sind immer da. Sie sind treu, weil sie ihren Zehnten geben.*
- *Diejenigen mit Adleraugen sehen dieses Leben und die Ewigkeit. Sie sammeln jeden Tag ihres Lebens Schätze im Himmel.*

Warum sollen wir irdischen Besitz gegen „ewige Schätze" eintauschen?

Wenn wir das tun, garantiert Gott unser tägliches Brot. „Trachtet aber zuerst nach dem Reich Gottes und nach seiner Gerechtigkeit, und dies alles wird euch hinzugefügt werden." (Matthäus 6,33).

Was ist Glaube?

Über den Glauben zu sprechen ist ein überdimensionales Thema. Glaube ist wie eine Eigentumsurkunde für etwas, das du gekauft hast, bevor du es gesehen hast, und Gnade Gottes.

Kennt Gottes Liebe, Kraft und Güte Grenzen?

- *Nein denn dein Problem ist nicht zu groß, dass Gott es nicht lösen könnte.*
- *Nein deine Last ist nicht zu schwer, dass Gott sie nicht tragen könnte.*
- *Nein deine Krankheit ist nicht zu schwer, dass Gott sie nicht heilen könnte.*

Warum sollen wir zu Gott schauen?

Gott kann und Gott wird! Gemäß dem, wie wir ihm glauben, uns nach ihm ausstrecken und seinem Wort vertrauen. Du musst dich nicht nach jemand umschauen, der reich ist. Schau zu Gott, dem das Vieh auf tausend Hügeln gehört. Wir haben alle Zugang zum Vater im Namen unseres Erlösers.

Was beinhaltet die Geschichte Israels?

Es geschahen Wunder in Ägypten und am Schilfmeer. Die Israeliten wurden von einer Wolkensäule geführt und empfingen Wasser aus dem Felsen. Sie zweifelten daran, dass Gott sie versorgen kann: „Kann Gott uns Brot geben?" Gott versorgte sie 40 Jahre lang. Mit Unmengen von Manna (Himmelsbrot = hebräische Übersetzung) täglich und Wachteln für 30 Tage.

Wie zeigt sich Gottes Größe in vielerlei Hinsicht?

- *In der Schöpfung.*
- *In der Erlösung.*
- *Im Gebet.*
- *In Versorgung.*
- *Im Schützen.*

Gott sorgt für seine Kinder! Er ist treu!

Kapitel 28

Eine neue Generation erreichen

Welche Dienste tut Jesus?

- *Den eines Apostels – ein Gesandten.*
- *Den eines Propheten.*
- *Den eines Evangelisten*
- *Den eines Pastors.*
- *Den eines Lehrers.*

In welchem Evangelium wird Gastfreundschaft erläutert?

„Wer euch aufnimmt, nimmt mich auf, und wer mich aufnimmt, nimmt den auf, der mich gesandt hat." (Matthäus 10,40). Wenn wir den Botschafter aufnehmen, nehmen wir den auf, der ihn gesandt hat.

Warum ist jetzt die Zeit der Ernte?

- *Nie zuvor in der Geschichte gab es so viele Menschen auf der Erde.*
- *Technologien: Druck, Fernsehen, Computer, Internet, Flugzeuge.*
- *In der Not haben die Menschen größeres Verlangen nach Jesus.*

Warum können ohne Predigt Menschen nicht gerettet werden?

Predigen vermittelt Glauben an die Ungläubigen. In Römer 10,13 heißt es: „Jeder, der den Namen des Herrn anruft, wird gerettet werden." Predige zu jedem, Groß und Klein. Kinder sind am neugierigsten auf Gott, im Alter von sieben. Predige nur ein wenig, auf einmal. Gebrauche Gegenstände. Predige für die kürzere Aufmerksamkeitsspanne, gerade bei Kindern.

Was sind die Aufgaben eines Pastors?

* *Er nährt die Herde.*
* *Er ist Aufseher der Herde.*
* *Er ist ein Vorbild, dem andere folgen können.*
* *Der Pastor braucht ein Herz für alle Dienste.*

Warum muss der Pastor die Welt der Teenager verstehen?

* Teenager haben eine andere Kultur.
* Teenager denken anders.
* Teenager sehen anders.
* Teenager entfernen sich schrittweise von den Eltern.
* Teenager halten nicht nach geistlichen Dingen Ausschau.
* Der Teufel versucht junge Leute von der Gemeinde abzuziehen.

Welche zwei Lehren sollten wir bei Kindern tun?

* *Lehre Details der Bibel (Namen der Jünger, die 10 Gebote, Bibelgeschichten usw.)*
* *Lehre des Wort Gottes durch die Bibel.*

Wie kann ich die Lehre abwechslungsreich gestalten?

Benutze Lieder, Puppen und Geschichten, um Kinder mit einzubeziehen. Erfinde Geschichten, erzähle von einem Helden, benutze Kostüme, Gegenstände und Spiele. Dies funktioniert bei Kindern in allen Kulturen.

Wie wird man ein ausgezeichneter Geschichten-Erzähler?

Jesus gebrauchte ständig Geschichten. „Jesus redete vieles in Gleichnissen zu ihnen." Jesus erzählte verschiedene Arten von Geschichten. Einige Geschichten waren real geschehen. Er erzählte Dinge, die in der Vergangenheit geschehen waren. Er erzählte Geschichten des alltäglichen Lebens. Einige Geschichten waren erfunden. Er gebrauchte Gleichnisse, um Wahrheiten zu erklären. Das Wesentliche beim Erzählen von Geschichten ist: „Wir erzählen eine Geschichte, um eine Wahrheit zu lehren." Das Wort Gottes ist wie klares Wasser. Die Geschichte ist wie ein Container. Ein Container hilft, mehr Wasser zu befördern. Kenne die Geschichte gut genug, um sie in eigenen Worten zu erzählen. Du kommunizierst von deinem Geist zu dem Geist des Kindes. Die Geschichte muss eine Spannung haben.

Kapitel 29
Biblische Ältestenschaft

Was bedeutet das Wort „Heiliger"?

Das Wort „Heiliger" bedeutet: Geheiligt oder für das Werk des Herrn ausgesondert. Es bezieht sich auf alle, die an Christus glauben.

Wie viele Älteste gibt es in der Ortsgemeinde?

Es kann am Anfang ein Prediger sein. Normalerweise gab es mehrere. Gott möchte viel e Älteste in der Gemeinde haben. Paulus und Barnabas setzten in jeder Gemeinde Älteste ein. Von Milet sandte Paulus nach Ephesus und ließ die Ältesten der Gemeinde rufen. „Ist jemand krank unter euch?" Er rufe die Ältesten der Gemeinde zu sich!" (Jakobus 5,14).

Wie werden Sie als Älteste eingesetzt?

Indem sie sich dafür qualifizieren. Der Herr beauftrage Moses, Älteste auszuwählen (4.Mose 11,16-17). Es ist kein Beliebtheitswettbewerb. Gott will, dass von Ihm ausgewählte, reife Leute, zu Ältesten in der Ortsgemeinde werden. Paulus und Barnabas ernannten Älteste. Es handelt sich um reife Christen. Die Leiter einer Gemeinde müssen sich sicher fühlen und in der Lage sein, Dienste von anderen zu respektieren.

Wie ist die Dienstbeschreibung für Älteste der Gemeinde im Neuen Testament?

Sie sollen nicht nur Pastoren anstellen und entlassen, sondern geistliche Aufsicht und Fürsorge in der Gemeinde wahrnehmen. Obwohl viele an diesem Prozess mitwirken, ist es der Heilige Geist, der das Ganze flexibel kombiniert und leitet. Ihre Aufgabe besteht im Weiden der Herde vor Ort. „Hütet die Herde Gottes, die bei euch ist, nicht aus Zwang, sondern freiwillig, Gott gemäß, auch nicht aus schändlicher Gewinnsucht, sondern bereitwillig, nicht als die da herrschen über die ihnen anvertrauten Anteile der Herde, sondern indem ihr Vorbilder der Herde werdet." (1.Petrus ,2+3)

Wie soll man sich gegenüber den Ältesten verhalten?

- *Das Volk Gottes sollte die Ältesten ehren.*
- *Das Volk Gottes sollte für die Ältesten beten.*
- *Das Volk Gottes sollte die Ältesten unterstützen.*
- *Das Volk Gottes sollte auf die Ältesten hören.*
- *Das Volk Gottes sollte sich der Leitung der Ältesten unterstellen,*
- *Das Volk Gottes sollte keine Anschuldigung gegen Älteste vorbringen, ohne genügend Beweismaterial.*
- *Das Volk Gottes sollte die Ältesten respektieren.*

Welche Charakter Eigenschaften sollten Älteste haben?

- *Die meisten Qualifikationen eines Ältesten haben mehr mit seinem Charakter, als mit Charisma, zu tun.*
- *Er muss über jeden Vorwurf erhaben und untadelig sein: Es muss ein Mann oder Frau von vollkommener Integrität sein.*

- *Ein Ältester muss auch bei denen einen guten Ruf haben, die nicht zur Gemeinde gehören: Er oder sie muss im öffentlichen Leben und sogar von Nichtchristen geachtet sein.*
- *Ehrbar: Das Volk Gottes muss die Leiter achten. Es ist jedoch schwierig, jemanden zu achten, der nicht ehrbar ist bzw. keinen Respekt verdient.*
- *Maßvoll, nüchtern; Er neigt nicht zu Extremen.*
- *Diszipliniert: Er ist diszipliniert bei der Arbeit, indem er auch rechtzeitig zum Gottesdienst oder zu Ältestentreffen kommt.*
- *Selbstbeherrschung: Er muss gleichzeitig Gott-kontrolliert und selbst-kontrolliert sein. Er darf nicht vom Ehepartner oder von Menschen manipuliert werden.*
- *Aufrichtig im Umgang mit anderen Menschen. Ein Ältester muss ehrlich sein und das Richtige tun.*
- *Heilig und für den Herrn abgesondert.*
- *Jemand, der das Gute liebt: Er liebt gute Dinge, wertvolle Aktivitäten und die Gemeinschaft mit Menschen.*
- *Gastfreundschaft: Er lädt gerne Gäste ein.*
- *Freundlich: Er verkörpert die ausgewogene Persönlichkeit Jesu.*
- *Nicht streitsüchtig: Er muss ein Mann des Friedens sein.*
- *Nicht jähzornig. Damit ist nicht gemeint, dass er niemals ärgerlich wird.*
- *Nicht gewalttätig: Er darf nicht kampfeslustig sein.*
- *Er hasst unredlichen Gewinn und eignet sich nichts unehrlich an.*
- *Niemand der am Geld hängt. Das Problem ist, dass viele Menschen Geld mehr lieben als Gott.*

- *Nicht anmaßend: Er ist nicht arrogant und dominiert andere nicht.*
- *Kein Trinker: Älteste sollten sich niemals betrinken.*

Welche Fähigkeiten sollte ein Ältester haben?
o *Er muss an der zuverlässigen Botschaft festhalten.*
o *Er muss fähig sein, andere zu lehren.*
o *Er muss in der Lage sein, andere mit der gesunden Lehre zu ermutigen, und diejenigen, die widersprechen, zu korrigieren.*
o *Er darf kein vor kurzem Bekehrter sein.*
o *Im Alten Testament gab es ein Mindestalter für Älteste.*
o *Im Neuen Testament hat es mit der geistlichen Reife einer Person zu tun. Jesus begann seinen Dienst im Alter von 30 Jahren.*

Welchen fünffältigen Dienst übte Jesus aus?
➢ *Jesus ist ein Apostel. (Hebräer 3,1)*
➢ *Jesus ist der große Prophet. (Apostelgeschichte 3,22)*
➢ *Jesus ist der große Evangelist. (Lukas 19,10)*
➢ *Jesus ist der gute Hirte. (Johannes 10,11)*
➢ *Jesus ist der große Lehrer. (Apostelgeschichte 1,1)*

Welche Merkmale von Prophetien im Neuen Testament gibt es?
➢ *Sie sagen zukünftige Ereignisse voraus. (Apg. 11,27-28)*
➢ *Sie weissagten sicherlich die Aussendung von Paulus und Barnabas (Apg.13,1-2)*

- ➤ *Judas und Silas ermutigten und stärkten die Gläubigen. (Apg. 15,32)*
- ➤ *Agabus sprach persönlich zu Paulus. (Apg. 21,10-11)*
- ➤ *Gott offenbart ihnen Wahrheiten. (Epheser 3,5)*
- ➤ *Sie freuen sich über das Gericht an der großen Hure. (Offb. 18,20)*
- ➤ *Einige Propheten enden als Märtyrer. (Offb. 18,24)*
- ➤ *Ihre Worte sollen geprüft werden. (1.Korinther 14,29)*

Was ist der Dienst des Pastors im Neuen Testament?

Dieses Amt ist uns heute am geläufigsten. Gott beschreibt die Gemeinde auf verschiedene Weisen, z.B. als Armee, als Pflanzung, als Gebäude, als Gottes Familie und als Leib Christi. Ein weiteres Bild, das häufig vorkommt, ist das, der „Herde Gottes". Das griechische Wort für Pastor wird im Neuen Testament auch mit „Hirte" übersetzt. Das griechische Wort lässt sich so definieren: „Die Herde als Hirte behüten." Das Wort „Pastor" erscheint nur ein einziges Mal in Neuen Testament. Das Wort „Hirte" jedoch mehrmals. Jedes Schaf braucht eine Herde und einen Hirten.

Kapitel 30
Die Ester Botschaft

Was beinhaltet die biblische Geschichte von Ester?

Die biblische Geschichte von Ester beinhaltet Prinzipien, die auf den Leib Christi heute übertragbar sind. Durch diese Geschichte erkennen wir die Wichtigkeit von Vorbereitung, Unterordnung unter Autorität, Erkenntnis deines Platzes im Gesamtzusammenhang der Geschichte und die Fähigkeit sich im Krieg einzubringen. Es ist wichtig zu erkennen, dass Gott dich für eine Zeit wie diese, hier auf der Erde platziert hat.

Wie ist die Geschichte von Ester?

Als Jüdin ist sie in einem nichtjüdischen Land aufgewachsen. In dieser Zeit regierte ein sehr mächtiger König über das Gebiet. König Ahasverus/König Xerxes. Der König war sehr reich und hatte viele militärische Siege. König Xerxes war so reich, dass er ein sechsmonatiges Fest hielt, um alle Wunder seines Reichs zur Schau zu stellen. Während dieser Festlichkeiten wollte er seinen wertvollsten Besitz vorführen: Königin Waschti. Als König Xerxes sie jedoch rufen ließ, da weigerte sie sich, seinem Befehl zu folgen und vor die Menge zu treten. Königin Waschti rebellierte. Sie lehnte es ab zu kommen, als der König nach ihr rief.

In vielerlei Hinsicht ist es wie das Verhalten des Leibes Christi heute. Manchmal ruft Gott nach uns und wir reagieren nicht. Königin Waschti`s Rebellion löste eine Krise im Königreich aus. Alle Adeligen sagten dem König, dass, wenn er die Königin nicht ausreichend für ihr rebellisches Verhalten strafen würde, die Folge sein könnte, dass die Frauen des Königreiches aufhören würden, ihren Männern zu gehorchen. Sie sagten ihm, dass Königin

Waschti ihre Krone abgeben solle. Der König hörte auf die Adeligen und entfernte Waschti als Königin. Damit der König sich eine neue Königin wählen konnte, entschieden sie sich, die schönsten Frauen des Landes nach Susa bringen zu lassen. Waren sie einmal da, wohnten die Frauen in einem Harem. Eine nach der anderen wurden sie dem König vorgeführt. Die Frau, die dem König am besten gefiel, würde Königin werden. Da war eine Waise mit Namen Ester. Sie war jung und schön. Da Ester ein Waisenkind war, wuchs sie bei ihrem Cousin Mordechai auf, der liebevoll auf sie achtgab. Als nun die schönsten Frauen des Landes vor dem König versammelt waren, war Ester eine von ihnen. Von nun an fing Ester an, in ihre Bestimmung hineinzutreten.

Der Leib Christi wird auch vor dem König gesammelt.

Wie können wir die Prinzipien dieser Geschichte anwenden, um den König mehr zu ehren?

❖ *Ester bereitete sich vor. Sie entwickelte in ihrem Leben Treue und Gehorsam Autoritäten gegenüber.*

❖ *Das Leben in einem Harem war sehr komplex. Sie ordnete sich, während ihrer Zeit im Harem, Autorität unter.*

❖ *Ester war auf die Phase der Vorbereitung vorbereitet.*

❖ *Wie Ester müssen auch wir uns vorbereiten, um würdig zu sein für den Herrn Jesus Christus.*

❖ *Ester gab sich dem Prozess der Vorbereitung hin, und wurde auf das Amt der Königin vorbereitet.*

❖ *Mit Ester haben wir ein Bild vor Augen, wie die Vorbereitung einer Braut aussieht.*

❖ *Im Leben geht es nicht nur um Ausharren. Du wirst dein Leben genießen, wenn du dich in die Vorbereitung begibst, die Gott für dich hat.*

Wie verstand Ester ihren Platz in der Geschichte?

- *Ester hatte schon traumatische Erfahrungen in ihrem Leben gemacht.*
- *Zum Glück hatte Ester Mordechai, der sich um sie kümmerte.*
- *Als sie sich gerade in Mordechais Heim sicher fühlte, kam es zum Aufruhr im Königreich.*
- *Ester fing an zu erkennen, dass sie vielleicht an diesen Ort gestellt worden ist, um die Geschichte zu beeinflussen.*
- *Ester wurde Königin.*
- *Als sie in diese Position kam, fing sie an, ihre Bestimmung zu erfüllen.*
- *Manchmal wirst du in das Reich Gottes zu einer bestimmten Zeit gebracht, um in einer Zeit großer Gefahr, zu handeln.*
- *Während Ester Königin war, wurde ein Feind der Juden der Minister.*

Warum ist die Geschichte von Ester sehr bedeutungsvoll?

Weil die Umstände sehr der Gemeinde heute ähneln. Obwohl Ester einflussreich wurde, hatte sie keine Autorität. Eine große Bedrohung für ihr Volk entstand. Sie erkannte, dass sie die Person war, die für die Rettung ihres Volkes eintreten musste. Heute liegen auf vielen Frauen große Berufungen. Sie haben auch Einfluss, jedoch keine Autorität.

Die Bibel macht deutlich, dass wir in manchen Bereichen Autorität haben, in anderen nicht. Viele in der Gemeinde versuchen, Frauen Autorität vorzuenthalten.

Welche vier Bereiche von Autorität gibt es?

- *Öffentliche Autorität oder Regierungs-Autorität.*
- *Autorität in einem Unternehmen.*
- *Autorität im Haus und in der Familie.*
- *Geistliche Autorität*

Warum sind Gottes Töchter das Rückgrat der Gemeinde?

Über 80% der Gemeinde in China sind Frauen. In anderen Teilen der Welt sind 60% des Leibes Christi, Frauen. Der Teufel verbreitete eine Lüge, um die Töchter Gottes still zu halten. Aber Gott ist dabei seine Töchter in der heutigen Zeit für diese Zeit zu rufen und freizusetzen. Aber es braucht Vorbereitung und Unterordnung unter Autorität. Frauen haben denselben Missionsbefehl erhalten. Frauen haben dieselbe Aufgabe empfangen, „Jünger Jesu zu machen" und eine Endzeit-Armee zu trainieren.

Wie rettete Königin Ester eine gesamte Nation?

Sie rettete das jüdische Volk. Das jüdische Volk war unter viele Nationen und Sprachen verstreut. Der König erlaubte Ester sie zu retten. Er gab Ester das Haus von Haman. Ester holte Mordechai dazu. Der König gab Mordechai den Siegelring. Er gab ihr die Autorität ihn zu repräsentieren. Jesus gab uns seinen „Siegelring", um Autorität auf der Erde auszuüben. Ester hatte nur begrenzte Zeit die Botschaft unter das Volk zu bringen. Da ist eine Dringlichkeit, was die Ernte angeht. Wie Königin Ester müssen auch wir Gottes Botschaft zu den Menschen bringen. Mordechai arbeitete mit Königin Ester zusammen, um die Briefe an das jüdische Volk zu schreiben. Er versiegelt sie mit dem Siegelring des Königs. Er sucht die schnellste Möglichkeit der damaligen Zeit, um die Nachricht zu verbreiten. Esters Botschaft ermöglichte es den Juden, für sich zu kämpfen.

Durch die Geschichte von Ester sehen wir einige erstaunliche Prinzipien, die heute auf den Leib Christi übertragbar sind. Zu oft hat die Gemeinde Frauen davon abgehalten in ihre Berufungen zu kommen. Gott hat jedoch Partnerschaften zwischen Männern und Frauen geplant. Wir werden die Ernte nur einholen, wenn wir zusammenarbeiten.

Kapitel 31
Erfülle deine Bestimmung

Welche vier Gründe gibt es, warum du niemals aufgeben sollst?

- *Gottes Absichten sind nicht immer leicht. Nur, weil du nicht sofort erfolgreich bist, heißt das nicht, dass es nicht Gottes Plan war.*
- *Permanenter Sieg folgt oft kurzfristiger Niederlage. Wir dienen einem Gott, der Gutes aus Schlechtem hervorbringt. Das Versagen und die Niederlage, die heute so schlimm erscheinen, werden oftmals morgen von Erfolg gekrönt.*
- *Scheinbares Versagen ist oft Gottes Grundlage für wahren Sieg. Albert Einstein sagte einmal, dass ein Genie zu 1% aus Intelligenz und zu 99% aus harter Arbeit besteht. Als Thomas Edison versuchte eine Glühbirne zu erfinden, hatte er Tausende von Fehlschlägen, ehe er das richtige Material und die richtige Art herausfand, wie die Glühbirne funktionierte.*
- *Beharrlichkeit bringt dich in das Zentrum von Gottes Willen. Was zuerst wie ein Versagen im Dienst des Pastors Brigg Cliff aussah, erwies sich als unglaublicher Erfolg mit über 900 Bibelschulen, die in der ganzen Welt gestartet wurden.*

Welche sieben wichtigen Tatsachen muss man wissen, wie wir unsere Bestimmung erreichen?

- *Du musst verstehen, dass Gott einen unglaublichen Zweck für dein Leben hat.*

- *Deine volle Bestimmung zu erreichen ist unmöglich ohne Gott.*
- *Es wird immer Riesen entlang des Weges geben.*
- *Du wirst versucht sein „Glauben-zerstörende Lügen" zu glauben.*
- *Du wirst versucht werden aufzugeben.*
- *Du wirst versucht werden in Selbstmitleid zu verfallen.*
- *Dein Sieg ist garantiert, wenn du dich nicht weigerst deinen Glauben in Gott aufzugeben.*

Welche vier Schlüssel zum Sieg aus dem Leben von Josua und Kaleb gibt es?

- *Verfalle nicht in „Gruppendenken" oder Gruppenzwang".*
- *Denke täglich an deine Bestimmung und erinnere dich an sie.*
- *Mit Gott auf deiner Seite ist jeder Riese ein Honigkuchen.*
- *Sei stark und mutig; sei nur stark und mutig!*

Welche Schlüssel zur Erreichung unserer Bestimmung gibt es?

- *Wir müssen wissen, dass wir eine Bestimmung haben.*
- *Wir müssen unsere Beziehung zu Gott entwickeln, um unsere Bestimmung kennenzulernen.*
- *Wir müssen unser Auge auf unsere Bestimmung richten und uns darauf konzentrieren.*
- *Wir müssen lernen Selbstverleugnung auszuüben, indem wir „nein" zu unseren fleischlichen Wünschen sagen.*

- *„Deshalb lasst uns, da wir eine so große Wolke von Zeugen um uns haben, jede Bürde und die uns so leicht umstrickende Sünde ablegen und mit Ausdauer laufen den vor uns liegenden Wettlauf, indem wir schauen auf Jesus…" (Hebräer 12,1-2)*
- *Wir müssen wissen und glauben, dass wir die Kraft von Gott haben, Versuchung zu widerstehen. (1.Korinther 10,13)*
- *Wir müssen wissen und glauben, dass Gott uns alle Hilfe gibt, die wir brauchen. (2.Petrus 1,3-4)*

Was heißt in deiner Bestimmung wachsen?

- ❖ *Wachstum geschieht immer mit Wachstums-Schmerzen. Bei unserem geistlichen Wachstum zur Reife, erleben wir oft Wachstumsschmerzen.*
- ❖ *Wachstum geschieht langsam und mit der Zeit. Wir spüren den Schmerz des Wachstums, aber wir erkennen nicht den Zweck. Oftmals erkennen wir erst viel später im Rückblick, was der Zweck war und wie viel wir gewachsen sind.*
- ❖ *Wachstum geschieht auf geheimnisvolle, unerwartete Weise. Wir hätten gerne eine Karte, an der wir erkennen können, was genau Gott tut und wann er es tun wird. Die Realität des Lebens ist, dass der Schmerz, die Belastung und das Wachstum unerwartet passieren und nicht gemäß unseren Plänen oder Vorlieben.*
- ❖ *Wachstum kommt durch Prüfungen und Tests. Gott testet nicht wie wir uns verhalten, wenn alle Dinge gut laufen, sondern er testet unser Verhalten, wenn wir überarbeitet, gestresst und unbeobachtet sind.*

❖ *Wachstum wird unterstützt durch unsere Mitarbeit und ge-
hindert durch unser Beklagen. Wenn wir Gott vertrauen
und ihn preisen, wird er in uns, und für uns, arbeiten.*

Kapitel 32
Erneuert wie ein Adler

Warum ist es nicht so schlecht, wenn man müde wird?

Menschen werden müde und träge. Das ist etwas Natürliches. Wenn du hart arbeitest, wirst du müde. Der Teufel greift uns an, wenn wir schwach sind. Wir müssen lernen, wie wir unsere Kraft erneuern und wie Adler aufsteigen. Die Bibel spricht 32-mal über Adler. Adler sind ein Thema der Bibel. Lerne über die Eigenschaften von Adlern. Wende sie auf dein Leben an. Sie helfen dir zu lernen deine Stärke und Kraft zu erneuern.

Was verkörpern Adler?

❖ *Sie sind stark. Aber Stärke ohne Hingabe hat keine Wirkung. Es ist Hingabe, die die Welt verändert. Leute, die eine Entscheidung treffen und dranbleiben!*

❖ *Adler haben eine Hingabe an die Generationen. Stärke zeigt sich in unserem Leben durch unseren Mut und Hingabe. Wenn ein Adler einen Partner findet, so gilt dies lebenslang. Adler wechseln keine Partner. Warum? Damit der Adler eine Familie gründen kann.*

❖ *Adler bauen Nester, die für viele Generationen halten. Gottes Blick ist auf Generationen gerichtet. Wir müssen langfristig denken.*

❖ *Ein Adler kann so hochfliegen, weil er soweit sehen kann. Er wurde geschaffen, um weit sehen zu können.*

❖ *Ein Adler wurde geschaffen, um zu fokussieren. Fokus erfordert Hingabe. Gott hat uns mit Gabe des Fokussierens geschaffen.*

❖ *Adler verpflichten sich ihrer Beute. Ein Adler ertrinkt, bevor er loslässt. Es ist eine Hingabe, bis der Tod uns scheidet. (Offb. 12,11)*

Was hat Vergebung mit dem Vergleich der Reinigung der Adlerfedern von gestriger Verschmutzung zu tun?

➢ *Die Federn des Adlers symbolisieren unsere Stärken, Talente und alles, was wir tun.*

➢ *Vergebung ist ein kraftvolles Werkzeug, das die Dinge von gestern wegwäscht.*

➢ *Vergebung muss jeden Tag angewandt werden. Es ist wie das Entfernen von Essensresten aus den Zähnen.*

➢ *Vergeben ist nicht vergessen.*

➢ *Vergebung ist nicht betäubend. Aber Schmerz hat einen Zweck. Er sagt deinem Gehirn, dass etwas nicht stimmt.*

➢ *Vergebung ist nicht stillschweigendes Dulden. Wenn du vergibst und loslässt, dann wirst du zu jemand, der Einfluss ausüben kann, Verhalten zu ändern.*

➢ *Vergebung ist nicht Erneuern. Gehe nicht in eine Beziehung zurück, der du nicht vertraust. Du musst Leuten vergeben, aber du musst ihnen nicht vertrauen.*

➢ *Bei Vergebung geht es nicht um die Vergangenheit. Es geht um die Zukunft. Das beste Rezept gegen eine schlechte Vergangenheit ist die Vision einer großartigen Zukunft.*

➢ *Öle jede Feder. Das Öl in unserem Leben als Christen ist die Salbung Gottes und die Kraft des Heiligen Geistes.*

Was lehrt uns Gott über Adler?

Gott lehrt uns, dass wir wie Adler sind. Er sagt nicht, dass wir wie Krähen, Tauben oder Elstern sind. Er wählt den majestätischen Vogel, um uns zu vergleichen. Darum wollen wir einige Dinge von Adlern lernen, damit wir diese Dinge auf unser Leben als Leiter in der Gemeinde anwenden können.

Was für eine Bedeutung haben dabei Schlangen?

Der Teufel kam als Schlange, und wir werden in der Bibel mit Adlern verglichen. Schlangen erklimmen ein Adlernest, wenn Vater und Mutter nicht zu Hause sind, und sie versuchen, eins der Adlerkinder zu fressen. Die Schlange wird nie einen reifen Adler verfolgen. Schlangen suchen sich unreife Adler. Wir müssen die unreifen Christen in der Gemeinde schützen. Der Babyadler kreischt, wenn die Schlange in das Nest kommt. Der Mutteradler fliegt 3 Kilometer hoch und fliegt im Sturzflug mindestens 200 Stundenkilometern zum Nest zurück. Der Mutteradler packt die Schlange, zerreiß sie und verfüttert sie an die Jungen. Gott verwandelt das Böse und gebraucht es zum Guten. Gott macht aus deinen Niederlagen eine Botschaft. Was der Teufel zum Bösen meint, gebraucht Gott zu unserem Besten.

Wieso sind Stürme keine Feinde eines Adlers?

Stürme sind der Feind aller Tiere. Aber ein Adler reagiert anders auf Stürme. Adler spüren, dass ein Sturm kommt, noch vor den Meteorologen. Sie sitzen auf einem hohen Standort und lauschen. Sie können den Wind und Temperaturschwankungen spüren.

Der Wind und die Temperatur in unserem Leben stehen für den Heiligen Geist. Wir müssen still sein und wissen, dass er Gott ist. Wir müssen lernen, auf diese ruhige Stimme zu hören. Wir müssen die Bewegung des Heiligen Geistes spüren. Es ist schwer Bewegung zu spüren, wenn du dich bewegst. Du kannst Jesus in jedem Sturm finden. Horche auf diese leise, sanfte Stimme. Gott wird dir künftige Dinge mitteilen. Du kannst in dem Herrn ruhen. Wir sind unter den Flügeln Gottes geborgen. (Psalm 91)

Wieso wird ein Adler zu einem ganz neuen Geschöpf?

Alle zehn Jahre kann ein Adler durch einen Prozess des Federlassens hindurchgehen. Er sucht sich einen geschützten Platz zwischen Felsen, wo frisches, fließendes Wasser ist.

Jesus ist der Felsen. Das frische, fließende Wasser repräsentiert die Gegenwart Gottes. Der Adler reißt jede einzelne seiner Federn raus, und schabt dann seinen Schnabel und seine Krallen ab. Die ganze Kraft des Adlers ist gewichen. Das ist ein gutes Beispiel, gedemütigt zu werden. „Gott, ich habe nichts." Jeden Tag begibt sich der Adler in das frische, fließende Wasser. Das Wasser reinigt die Wunden und heilt den Schaden. Es braucht etwa 40 Tage. Jesus war auch 40 Tage unterwegs, um das Reich Gottes nach seiner Auferstehung aufzubauen. Vierzig bedeutet vollständig.

Wir müssen auf diese Weise einander dienen. Wir müssen es lernen, wie Gott, über die Federn hinauszusehen. Federn repräsentieren unsere Fähigkeiten, Talente und Stärken. Wir beurteilen andere gemäß ihrer Federn. Menschen tun viel, um attraktiv zu sein. Sie wollen schön sein. Aber wir verwechseln Dinge. Es zählt nicht das Äußere, sondern das Innere. Gott ist nicht vom Äußeren beeindruckt, er ist vom Inneren beeindruckt. (Jesaja 66,2)

Warum sind Adler mutig?

Adler stechen hervor und sie stehen allein. Adler sind keine Herdentiere. Sie gehen nicht dahin, wo alle sind. Adler gleiten gewöhnlich, sie schlagen kaum mit den Flügeln. Sie reiten einfach auf dem Wind. Sie gleiten und fliegen dadurch sehr hoch. Wenn Krähen kommen, dann fliegt der Adler einfach höher. Wir müssen lernen, hochzufliegen. Du musst es lernen, mit den Krähen richtig umzugehen. Du musst es lernen, mit all den negativen Menschen umzugehen. Wenn du wie ein Adler lebst, dann verunsicherst du andere Leute. Nahe dich mehr und mehr Gott!

Was können wir für eine Schlussfolgerung daraus ziehen?

Für einen Adler ist es kein Problem hoch oder niedrig zu fliegen. Wenn wir wie ein Adler sein wollen, dann müssen wir mutig sein. Wir müssen Mut haben und dürfen keine Furcht haben, hervorzustechen und allein zu stehen. Die meisten Menschen können das nicht, weil die meisten Leute das tun wollen, was alle tun. Aber wenn du nicht mal unter Menschen alleinstehen kannst, wie willst du am Tag des Gerichtes alleinstehen? Es ist erstaunlich, welchen Unterschied dein Leben machen kann, wenn du wie ein Adler lebst und alleinstehen kannst.

Das ist es, was Gott für dein und mein Leben will. Gott segne dich!

Kapitel 33

Lieblingsverse aus der Bibel

Jeder Evangelist hat einige Lieblingsverse in der Bibel. Viele
Pastoren sagen auch, 80% was man gelehrt bekommt, ist unwe-
sentlich. Man sollte sich nur mit den 20% wichtigen Themen vom
Wort Gottes beschäftigen. Dies kann ich auch aus meiner persön-
lichen Erfahrung, durch mein Bibelstudium, bestätigen. Meiner
Meinung nach sollte man auch viele Verse wiederholen, und wenn
es geht, auch auswendig lernen. Denn unser Verstand arbeitet wie
Google. Je mehr Wiederholungen ich Google oder meinem Ver-
stand eingebe, desto höher liege ich in der Trefferquote ganz oben.
Also, durch ständige Wiederholungen programmiere ich meine
Festplatte, in die Richtung Glauben. Glauben muss man trainieren.
Dies kann man vergleichen mit einem Sportler, wenn er wenig trai-
niert, wird er nur in unteren Klassen seinen Sport ausüben können.
Wenn er aber viel trainiert, dann kann es auch sein, dass er als Pro-
fisportler einmal sein Geld verdienen könnte.

Ich war selbst Fußballspieler und musste feststellen, wenn ich
wenig trainierte, war ich dem physischen und technischen Niveau
dieser Spielklasse momentan nicht gewachsen.

Mit viel Engagement und Ehrgeiz kann man auch im Glauben
viel bewegen. Eine gute Ausdauer ist auch für ein Leben im Glauben an Jesus Christus, sehr wichtig. Es hilft dir nichts, wenn du im
Fußballspiel eine Ausdauer für 45 Minuten hast, auch wenn du
eine gute Technik und großes Talent mitbringst. Ein Spiel dauert
90 Minuten. Mit einer schlechten Ausdauer kannst du nur ein mit-
telmäßiger Fußballer werden.

Im Glauben ist es dasselbe. Viele meinen es genügt, wenn sie
einmal in der Woche in die Kirche gehen und beten. Nein, da bist
du christlich unterwegs, aber lange noch kein Christ. Christ sein

heißt, sich täglich mit Jesus Christus zu beschäftigen. Er ist in dir, du bist in ihm.

Wenn du Jesus Christus in dein Leben aufgenommen hast, dann zeige genügend Ausdauer und beschäftige dich mit seinem Wort. Je mehr du das Wort Gottes in dein Leben aufnimmst, desto mehr wächst Kraft, Energie und Liebe in dir.

Eines habe ich auch durch meine Vertiefung des Glaubens erfahren; Angst verschwindet, wenn der Glaube wächst. Im Reich Gottes gibt es keine Angst und Sorgen. Angst vergrößert das Problem, und vergisst die Kraft Gottes. Glaube jedoch verherrlicht Gott, und vergisst das Problem. Ich möchte dich ermutigen, dass du auf das schaust, was gut ist und das ist unser Gott. Wir erlebten das schon! Es kommt etwas völlig Unerwartetes wie zum Beispiel ein Virus. Alles verändert sich. Aber das Problem ist nicht der Virus, das Problem ist die „Angst" vor dem Virus. Lasst uns nicht in dieser Angst verharren, unser Gott ist größer und mit einem Wort kann er alles erledigen. Jesus sagt, es wird eine Angst kommen über die ganze Nation, Ratlosigkeit über die ganze Nation, über die ganze Erde. Wir leben genau in dieser Zeit. Jesus ruft uns auf und sagt: „Habt keine Angst, wenn das kommt, erschreckt nicht. Wenn das kommt, schmeißt die Angst raus. Lass nicht zu, dass Angst dich berührt." Die Bibel sagt hier: „Die Ratlosigkeit wird kommen."

Wenn diese Dinge geschehen, so blickt auf, beachtet eure Handys oder Nachrichten nicht, was auch immer da steht. Schaut nicht auf die Leute, wie sie sich verhalten. Achtet nicht auf die vielen Probleme um uns.

Davids Schlüssel zum Erfolg war: Er sah nur auf Gott. Er blickte auf.

Jesus sagte in den letzten Tagen, dass genau dies geschehen wird, habt keine Angst.

Was sollen wir tun?

Blickt auf, schaut auf Jesus und den der alles geschaffen hat. Schaut auf den, der am Kreuz, mit einem Wort, alles erledigt hat.

Unsere Aufgabe in dieser Zeit ist, aufzublicken, nicht herumzuschauen, auf die Leute, die Angst haben. Mach dich nicht eins mit den Leuten, die Angst haben. Mach dich eins mit dem König der Könige, mit dem Herrn der Herren. Er hat den Sieg vollbracht.

Ich habe nun, nachfolgend wichtige Bibelstellen zusammengestellt, die mich persönlich auf den Weg zum Glauben, sehr beeindruckten. Vielleicht erleichtern sie Deinen Weg auch.

2.Mose 20.17

Du sollst nicht begehren das Haus deines Nächsten! Du sollst nicht begehren die Frau deines Nächsten, noch seinen Knecht, noch seine Magd, noch sein Rind, noch seinen Esel, noch irgendetwas, das dein Nächster hat.

1 Sam 16.7

Gott sieht nämlich nicht auf das, worauf der Mensch sieht. Der Mensch sieht, was vor den Augen ist, der Herr aber sieht das Herz.

Psalm 23

Der Herr ist mein Hirte, nichts wird mir fehlen. Er lässt mich lagern auf grünen Auen und führt mich zum Ruheplatz am Wasser. Meine Lebenskraft bringt er zurück. Er führt mich auf Pfaden der Gerechtigkeit, getreu seinem Namen. Auch wenn ich gehe im finsteren Tal, ich fürchte kein Unheil, denn du bist bei mir, dein Stock und dein Stab, sie trösten mich. Du deckst mir den Tisch, vor den

Augen meiner Feinde. Du hast mein Haupt mit ÖL gesalbt, übervoll ist mein Becher. Ja, Güte und Huld werden mir folgen, mein Leben lang, und heimkehren werde ich ins Haus des Herrn, für lange Zeiten.

Psalm 37, 1-3

Errege dich nicht über die Bösen. Ereifere dich nicht über jene, die Schlechtes tun! Denn sie verwelken schnell wie das Gras, wie frisches Grün verdorren sie. Vertrau auf den Herrn und tue das Gute. Wohne im Land und hüte die Treue.

Psalm 112, 1-3

Halleluja! Wohl dem, der den Herrn fürchtet, der große Freude hat an seinen Geboten! Sein Same wird gewaltig sein auf Erden; Das Geschlecht der Aufrichtigen wird gesegnet sein. Reichtum und Fülle ist in seinem Haus, und seine Gerechtigkeit bleibt ewiglich bestehen.

Jesaja 53.4-5

Jedoch unsere Krankheiten – Er hat sie getragen, und auch unsere Schmerzen. Er hat sie auf sich geladen. Wir aber hielten Ihn für bestraft, von Gott geschlagen und niedergebeugt. Doch er war durchbohrt um unsere Vergehen willen, zerschlagen um unsere Sünden willen. Die Strafe lag auf Ihm zu unserem Frieden, und durch seine Striemen ist uns Heilung geworden.

Matthäus 4.2-4

Der Mensch lebt nicht vom Brot allein, sondern von einem jeden Wort, das aus dem Mund Gottes hervorgeht!

Matthäus 5.44

Ich aber sage dir: Liebe deine Feinde, segne die, die dich ver-
fluchen, tu Gutes denen die dich hassen und bete für die, die dich
verächtlich behandeln und verfolgen.

Matthäus 5.48

Ihr aber sollt zu allen Menschen ganz gut sein wie euer Vater
im Himmel!

Matthäus 6.3

Wenn du aber jemandem hilfst, dann soll deine linke Hand nicht
wissen, was deine Rechte tut; niemand soll davon erfahren. Dein
Vater, der alles, auch das Verborgene sieht, wird dich dafür beloh-
nen.

Matthäus 6.19-21

Ihr sollt euch nicht Schätze sammeln auf Erden, wo die Motten
und der Rost sie fressen und wo die Diebe nachgraben und stehlen.
Sammelt euch vielmehr Schätze im Himmel, wo weder die Motten
noch der Rost sie fressen und wo die Diebe nicht nachgraben und
stehlen! Denn wo euer Schatz ist, da wird auch euer Herz sein.

Matthäus 6.33

Trachtet vielmehr zuerst nach dem Reich Gottes und nach seiner Gerechtigkeit, so wird euch dies alles hinzugefügt werden.

Matthäus 7.1

Urteilt nicht über andere, damit Gott euch nicht verurteilt. Denn
so wie ihr jetzt andere verurteilt, werdet auch ihr verurteilt werden.

Matthäus 9.29

Dann rührte er ihre Augen an und sprach: Euch geschehe nach eurem Glauben.

Matthäus 12.32

Wer dem Sohn Gottes widerspricht, dem kann vergeben werden. Wer aber bewusst und böswillig gegen den Geist Gottes redet, der wird niemals Vergebung finden, weder in dieser noch in der kommenden Welt.

Matthäus 12.35

Wenn ein guter Mensch spricht, zeigt sich, was an Gutem in ihm ist.

Matthäus 14.57

Ein Prophet findet nirgendwo so wenig Anerkennung wie in seiner Heimat und in seiner eigenen Familie.

Matthäus 15.10

Nicht was ein Mensch isst, macht ihn unrein, sondern das, was er denkt und redet.

Matthäus 16.6

Da warnte sie Jesus: Hütet euch vor dem Sauerteig der Pharisäer und Sadduzäer.

Matthäus 16.19

Ich will dir die Schlüssel zur neuen Welt Gottes geben. Was du hier auf der Erde für verbindlich erklären wirst, das soll auch im Himmel verbindlich sein.

Matthäus 18.19

Wenn zwei von euch hier auf der Erde meinen Vater um etwas bitten wollen und darin übereinstimmen, dann wird er es ihnen geben. Denn wo zwei oder drei in meiner Liebe zusammenkommen, bin ich in ihrer Mitte.

Matthäus 21.28

Er ist gekommen, um zu dienen und sein Leben hinzugeben, damit alle Menschen aus der Gewalt des Bösen befreit werden.

Matthäus 22.37

Liebe den Herrn, deinen Gott, von ganzem Herzen, mit ganzer Hingabe und mit all deiner Kraft. Das ist das erste und wichtigste Gebot. Ebenso wichtig ist aber das zweite: Liebe deinen Mitmenschen so, wie du dich selbst liebst.

Matthäus 26.28

Das ist mein Blut, mit dem der neue Bund zwischen Gott und den Menschen besiegelt wird.

Markus 8.27

Für wen halten mich die Leute eigentlich? Was sagen sie von mir? Einige meinen, du bist Johannes der Täufer. Andere halten dich für Elia oder für einen der Propheten, antworteten die Jünger. Und für wen haltet ihr mich? Da rief Petrus: Du bist der Messias, der verheißene Retter!

Markus 8.38

Wer sich hier vor den gottlosen Menschen schämt, sich zu mir und meiner Botschaft zu bekennen, den wird auch der Menschensohn nicht kennen, wenn er mit den heiligen Engeln in der strahlenden Herrlichkeit seines Vaters wiederkommen wird.

Markus 9.7

Da fiel der Schatten einer Wolke über sie, und aus der Wolke hörten sie eine Stimme: Dies ist mein Sohn, ihm gehört meine ganze Liebe, auf ihn sollt ihr hören! Als sich die Jünger umsahen, waren sie plötzlich mit Jesus allein.

Markus 11.24

Amen, ich sage euch: Wenn jemand zu diesem Berg sagt: Heb dich empor und stürz dich ins Meer! Und wenn er in seinem Herzen nicht zweifelt, sondern glaubt, dass geschieht, was er sagt, dann wird es geschehen. Darum sage ich euch: Alles, worum ihr betet und bittet, glaubt nur, dass ihr es schon erhalten habt, dann wir es euch zuteil.

Markus 13.31

Himmel und Erde werden vergehen; meine Worte aber sind für alle Zeiten gültig und vergehen nie.

Markus 16.15

Und er sprach zu ihnen: Gehet hin in die ganze Welt und predigt das Evangelium der ganzen Schöpfung.

Lukas 3.16

Ich zwar taufe euch mit Wasser; es kommt aber ein Stärkerer als ich, und ich bin nicht würdig, ihm den Riemen seiner Sandalen zu lösen; er wird euch mit Heiligem Geist und Feuer taufen.

Lukas 6.38

Gebt, so wird euch gegeben werden; ein gutes, vollgedrücktes und gerütteltes und überfließendes Maß wir man in euren Schoß schütten. Denn mit demselben Maß, mit dem ihr anderen zumesst, wird euch wieder zugemessen werden.

Lukas 7.23

Glücklich zu preisen ist jeder, der nicht an mir zweifelt!

Lukas 8.21

Jeder, der Gottes Wort hört und danach lebt, ist für mich Bruder und Schwester und Mutter.

Lukas 8.49-50

Fürchte dich nicht, glaube nur! Und sie wird gerettet (sozo) werden!

Lukas 9.20

Voller Überzeugung bekannte Petrus: Du bist der von Gott gesandte Retter!

Lukas 11.23

Das steht fest: Wer nicht für mich ist, der ist gegen mich. Und wer sich nicht ganz für mich einsetzt und mir sammeln hilft, der zerstreut.

Lukas 11.28

Sie ist glücklich; und wahrhaft glücklich sind alle Menschen, die Gottes Wort hören und danach leben.

Lukas 12.12

Denn der Heilige Geist wird euch zur rechten Zeit das rechte Wort geben.

Lukas 17.19

Und er sprach zu ihm: Steh auf, geh hin! Dein Glaube hat dich gerettet.

Lukas 18.17

Habt ihr denn immer noch nicht begriffen: Wer sich Gottes neue Welt nicht schenken lässt wie ein Kind, wird niemals hineinkommen.

Lukas 18.25

Eher könnt ihr ein dickes Seil in ein Nadelöhr einfädeln, als dass Menschen, die an ihrem Reichtum hängen, zu Gott und in seine neue Welt kommen.

Lukas 23.34

Vater, vergib ihnen, denn sie wissen nicht, was sie tun!

Johannes 1.1

Im Anfang war das Wort, und das Wort war bei Gott und das Wort war Gott. Und das Wort ist zu Fleisch geworden und hat unter uns gewohnt. Wir haben seine ganze Herrlichkeit gesehen, die Herrlichkeit des einzigen Sohnes von Gott voller Gnade und Gerechtigkeit.

Johannes 1.5-4

Denn alles was aus Gott geboren ist, überwindet die Welt; und dies ist der Sieg, der die Welt überwunden hat: unser Glaube.

Johannes 1.11-13

Er kam in sein Eigentum, aber die Seinen nahmen ihn nicht auf. Allen aber, die ihn aufnahmen, gab er Macht, Kinder Gottes zu werden, allen, die an seinen Namen glauben, die nicht aus dem Blut, nicht aus dem Willen des Fleisches, nicht aus dem Willen des Mannes, sondern aus Gott geboren sind.

Johannes 1.16-17

Aus seiner Fülle haben wir alle empfangen, Gnade über Gnade. Denn das Gesetz wurde durch Mose gegeben, die Gnade und die Wahrheit kamen durch Jesus Christus.

Johannes 1.29

Seht, das ist Gottes Opferlamm, das die Sünden aller Menschen auf sich nimmt und wegtragen wird.

Johannes 3.16-17

Denn Gott hat die Menschen so sehr geliebt, dass er seinen einzigen Sohn für sie hergab. Jeder, der an ihn glaubt, wird nicht verlorengehen, sondern das ewige Leben haben. Denn Gott hat seinen Sohn nicht in die Welt gesandt, damit er die Welt richtet, sondern damit die Welt durch ihn gerettet wird.

Johannes 3.18

Wer an ihn glaubt, wird nicht gerichtet; wer nicht glaubt, ist schon gerichtet, weil er an den Namen des einzigen Sohnes Gottes nicht geglaubt hat.

Johannes 3.36

Wer an den Sohn Gottes glaubt, der hat das ewige Leben. Wer aber nicht auf ihn hört, wird nie zum Leben gelangen, sondern dem Zorn Gottes verfallen.

Johannes 4.2-3

Daran erkennt ihr den Geist Gottes: Jeder Geist, der bekennt, Jesus Christus ist im Fleisch gekommen ist aus Gott. Und jeder Geist der Jesus nicht bekennt, ist nicht aus Gott. Das ist der Geist des Antichristen.

Johannes 4.13-14

Jesus sprach zu ihr: Jeden, der von diesem Wasser trinkt, wird wieder dürsten; wer aber von dem Wasser trinken wird, das ich ihm geben werde, den wird nicht dürsten in Ewigkeit, sondern das Wasser wird in ihm eine Quelle Wassers werden, das ins ewig Leben quillt.

Johannes 5.24

Amen, Amen ich sage euch: Wer mein Wort hört und dem glaubt, der mich gesandt hat, hat das ewige Leben; er kommt nicht ins Gericht, sondern ist aus dem Tod ins Leben hinübergegangen.

Johannes 6.35

Jesus aber sprach zu ihnen: Ich bin das Brot des Lebens. Wer zu mir kommt, den wird nicht hungern; und wer an mich glaubt, den wird nimmermehr dürsten.

Johannes 6.47

Wer an mich glaubt, der hat jetzt schon das ewige Leben!

Johannes 7.39

Damit meinte Jesus den Heiligen Geist, den alle bekommen würden, die an ihn glaubten. Sie sollten ihn aber erst an Pfingsten bekommen, nachdem Jesus in Gottes Herrlichkeit zurückgekehrt war.

Johannes 8.24

Wenn ihr nicht glaubt, dass ich es bin, an dem sich alles entscheidet, gibt es keine Rettung für euch.

Johannes 8.51

Wer mein Wort annimmt und danach lebt, wird niemals sterben.

Johannes 10.10

Der Dieb kommt, um zu stehlen, zu zerstören und zu töten. Ich aber bin gekommen, um Leben zu bringen, das Leben in seiner ganzen Fülle.

Johannes 10.27

Meine Schafe erkennen meine Stimme und folgen meinem Ruf. Auch ich kenne sie und ich gebe ihnen das ewige Leben.

Johannes 11.26

Ja, wer sein ganzes Leben auf mich baut, wird überhaupt nie sterben.

Johannes 12.40

Ihre Augen sind verblendet und ihr Herz ist verschlossen, so dass sie weder sehen noch verstehen noch zu mir umkehren können, damit ich sie heile.

Johannes 12.46

Ich bin als das Licht in die Welt gekommen, damit keiner, der an mich glaubt, länger in der Dunkelheit leben muss. Ich bin nicht gekommen, die Welt zu richten, sondern um sie zu retten.

Johannes 14.6

Jesus sagt: Ich bin der Weg, die Wahrheit und das Leben. Keiner kommt zum Vater denn durch mich.

Johannes 14.12

Wer an mich glaubt, der wird diese Werke auch tun, und wird größere als diese tun, weil ich zum Vater gehe.

Johannes 14.14

Wenn ihr also eins seid mit mir, werde ich euch jede Bitte erfüllen.

Johannes 14.20

Wenn ich zurückkomme, werdet ihr erkennen, dass ich ganz eins bin mit meinem Vater und dass ihr in mir lebt und ich in euch.

Johannes 15.4

Bleibt fest mit mir verbunden, dann wird mein Leben immer in euch sein! Denn so wie eine Rebe nur dann Früchte tragen kann, wenn sie am Weinstock ist, so werdet auch ihr nur Frucht bringen, wenn ihr mit mir verbunden bleibt.

Johannes 15.5

Ich bin der Weinstock, ihr seid die Reben. Wer in mir bleibt und in wem ich bleibe, der bringt reiche Frucht; denn getrennt von mir könnt ihr nichts vollbringen.

Johannes 15.7-8

Wenn ihr in mir bleibt und wenn meine Worte in euch bleiben, dann bittet um alles, was ihr wollt: Ihr werdet es erhalten. Mein Vater wird dadurch verherrlicht, dass ihr reiche Frucht bringt und meine Jünger werdet.

Johannes 16.26

Von diesem Tage an werdet ihr in enger Verbundenheit mit mir beten, und dann muss ich den Vater nicht mehr bitten, euer Gebet zu erhören.

Johannes 17.21-23

Alle sollen eins sein: Wie du, Vater, in mir bist und ich in dir bin, sollen auch sie in uns sein, damit die Welt glaubt, dass du mich gesandt hast. Und ich habe ihnen die Herrlichkeit gegeben, die du mir gegeben hast; denn sie sollen eins sein, wie wir eins sind, ich in ihnen und du in mir. So sollen sie vollendet sein in der Einheit, damit die Welt erkennt, dass du mich gesandt hast und die Meinen ebenso geliebt hast wie mich.

Johannes 17.23

Sie sind mit mir vereint und ich mit dir: so sind wir vollständig eins.

Johannes 20.29

Glücklich sind, die glauben, ohne zu sehen.

Apostelgeschichte 4.9-12

Heilung muss als Teil der Erlösung gepredigt werden, und Menschen müssen glauben, damit sie Heilung empfangen können.

Apostelgeschichte 5.32

Das ist die Wahrheit, und für diese Wahrheit werden wir uns immer einsetzen und durch uns auch der Heilige Geist, den Gott allen gibt, die ihm gehorchen.

Apostelgeschichte 13.39

Wer aber an Jesus glaubt, wird frei von seiner Schuld.

Römer 5.2

Durch ihn haben wir auch den Zugang zu der Gnade erhalten, in der wir stehen, und rühmen uns unserer Hoffnung auf die Herrlichkeit Gottes.

Römer 6.14

Denn die Sünde wird nicht über euch herrschen, denn ihr seid nicht unter Gesetz, sondern unter Gnade.

Römer 6.4

So sind wir nun mit Ihm begraben worden durch die Taufe in den Tod, damit, wie Christus aus den Toten auferweckt worden ist durch die Herrlichkeit des Vaters, so auch wir in Neuheit des Lebens wandeln.

Römer 8.1

Jetzt gibt es keine Verurteilung mehr für die, welche in Christus Jesus sind (welche nicht dem Fleisch folgen, sondern den Geist).

Römer 8.11

Der Christus Jesus aus den Toten auferweckt hat, wird eure sterblichen Leiber lebendig machen durch seinen Geist, der in euch wohnt.

Römer 8.14-15

Denn alle, die sich vom Geist Gottes leiten lassen, sind Söhne Gottes. Denn ihr habt nicht einen Geist empfangen, der euch zu Sklaven macht, so dass ihr euch immer noch fürchten müsstet, sondern ihr habt den Geist empfangen, der euch zu Söhnen macht, den Geist, in dem wir rufen: ABBA, Vater!

Römer 10.9-10

Denn wenn du mit deinem Mund bekennst: Jesus ist der Herr und in deinem Herzen glaubst: Gott hat ihn von den Toten auferweckt, so wirst du gerettet werden. Wer mit dem Herzen glaubt und mit dem Munde bekennt, wird Gerechtigkeit und Heil erlangen.

Römer 10.17

Glaube kommt durch das Hören des Wortes Gottes.

Römer 12.1-2

Angesichts des Erbarmens Gottes ermahne ich euch, meine Brüder, euch selbst als lebendiges und heiliges Opfer darzubringen, das Gott gefällt; das ist für euch der wahre und angemessene Gottesdienst. Gleicht euch nicht dieser Welt an, sondern wandelt euch und erneuert euer Denken, damit ihr prüfen und erkennen könnt, was der Wille Gottes ist; was ihm gefällt, was gut und vollkommen ist.

1.Korinther 15.10

Aber durch Gottes Gnade bin ich, was ich bin; und seine Gnade, die er an mir erwiesen hat, ist nicht vergeblich gewesen, sondern ich habe mehr gearbeitet als sie alle; jedoch nicht ich, sondern die Gnade Gottes, die mit mir ist.

1.Korinther 15.58

Darum meine geliebten Brüder seid fest, unerschütterlich nehmt immer zu in dem Werk des Herrn, weil ihr wisst, dass eure Arbeit nicht vergeblich ist im Herrn.

2.Korinther 1.20

Denn so viele Verheißungen Gottes es gibt – in ihm ist das Ja, und in ihm auch das Amen, Gott zum Lob durch uns.

2.Korinther 3.12-18

Weil wir eine solche Hoffnung haben, treten wir mit großer Freimut auf, nicht wie Mose, der über sein Gesicht eine Hülle legte, damit die Israeliten das Verblassen des Glanzes nicht sahen. Doch ihr Denken wurde verhärtet. Bis zum heutigen Tag liegt die gleiche Hülle auf dem alten Bund, wenn daraus vorgelesen wird, und es bleibt verhüllt, dass er in Christus ein Ende nimmt. Bis heute liegt die Hülle auf ihrem Herzen, wenn Mose vorgelesen wird. Sobald sich aber einer dem Herrn zuwendet, wird die Hülle entfernt. Der Herr aber ist der Geist, und wo der Geist des Herrn wirkt, das ist Freiheit. Wir alle spiegeln mit enthülltem Angesicht die Herrlichkeit des Herrn wieder und werden so in sein eigenes Bild verwandelt von Herrlichkeit zu Herrlichkeit, durch den Geist des Herrn.

2.Korinther 4.11

...damit auch das Leben Jesu an unserm sterblichen Fleisch offenbar werde.

2.Korinther 5.15

Er ist deshalb für alle gestorben, damit die Lebenden nicht mehr für sich leben, sondern für den der für sie gestorben und auferstanden ist.

2.Korinther 5.17

Wenn also jemand in Christus ist, dann ist er eine neue Schöpfung: Das Alte ist vergangen, Neues ist geworden.

2.Korinther 5.21

Ihr seid die Gerechtigkeit Gottes in Christus.

2.Korinther 9.7

Jeder gebe, wie er es sich im Herzen vornimmt; nicht widerwillig oder gezwungen, denn einen fröhlichen Geber hat Gott lieb!

2.Korinther 9.10

Er aber, der dem Sämann Samen darreicht und Brot zur Speise, er möge euch die Saat darreichen und mehren und die Früchte eurer Gerechtigkeit wachsen lassen.

Galater 2.19-20

...ich bin mit Christus gekreuzigt worden; nicht mehr ich lebe, sondern Christus lebt in mir.

Galater 2.21

Ich missachte die Gnade Gottes in keiner Weise; denn käme die Gerechtigkeit durch das Gesetz, so wäre Christus vergeblich gestorben.

Galater 2.4-5

Denn was die falschen Brüder betrifft, jene Eindringlinge, die sich eingeschlichen hatten, um die Freiheit, die wir in Christus Jesus haben, argwöhnisch zu beobachten und uns zu Sklaven zu machen, so haben wir uns keinen Augenblick unterworfen; wir haben ihnen nicht nachgegeben, damit euch die Wahrheit des Evangeliums erhalten bleibe.

Galater 3.13

Christus hat uns losgekauft von dem Fluch des Gesetzes, indem er ein Fluch wurde um unsertwillen, damit der Segen Abrahams zu den Heiden komme in Christus Jesus, damit wir durch den Glauben den Geist empfingen, der verheißen worden war.

Galater 3.16

Abraham und seinem Nachkommen wurden die Verheißungen zugesprochen. Es heißt nicht: und den Nachkommen, als wären viele gemeint, sondern es wird nur von einem gesprochen: und deinem Nachkommen; das aber ist Christus.

Galater 3.26-29

Ihr seid alle durch den Glauben Söhne Gottes in Christus Jesus. Denn ihr alle, die ihr auf Christus getauft seid, habt Christus angelegt. Es gibt nicht mehr Juden und Griechen, nicht Sklaven und Freie, nicht Mann und Frau; denn ihr alle seid einer in Christus Jesus. Wenn ihr aber zu Christus gehört, dann seid ihr Abrahams Nachkommen, Erben kraft der Verheißung.

Galater 5.19-21

Die Werke des Fleisches sind deutlich erkennbar: Unzucht, Unsittlichkeit, ausschweifendes Leben, Götzendienst, Zauberei, Feindschaften, Streit, Eifersucht, Jähzorn, Eigennutz, Spaltungen, Parteiungen, Neid und Missgunst, Trink- und Essgelage und ähnliches mehr. Ich wiederhole, was ich euch schon früher gesagt habe: Wer so etwas tut wird das Reich Gottes nicht erben.

Epheser 1.3

Er hat uns mit allem Segen des Geistes gesegnet durch unsere Gemeinschaft mit Christus im Himmel.

Epheser 1.22-23

Alles hat er ihm zu Füßen gelegt und ihn, der als Haupt alles überragt, über die Kirche gesetzt. Sie ist sein Leib und wird von ihm erfüllt, der das All ganz und gar beherrscht.

Epheser 2.8-9

Denn aus Gnade seid ihr durch den Glauben errettet und das nicht aus euch, Gottes Gabe ist es; nicht aus Werken, damit sich niemand rühme.

Epheser 2.14-16

Er vereinigte die beiden Teile (Juden und Heiden) und riss durch sein Sterben die trennende Wand der Feindschaft nieder. Er hob das Gesetz samt seinen Geboten und Forderungen auf, um die zwei in seiner Person zu dem einen neuen Menschen zu machen. Er stiftete Frieden und versöhnte die beiden durch das Kreuz mit Gott in einem einzigen Leib.

Epheser 4.22-24

Legt den alten Menschen ab, der in Verblendung und Begierde zugrunde geht, ändert euer früheres Leben, und erneuert euren Geist und Sinn! Zieht den neuen Menschen an, der nach dem Bild Gottes geschaffen ist in wahrer Gerechtigkeit und Heiligkeit.

Epheser 6.16

Vor allem greift zum Schild des Glaubens, mit ihm könnt ihr alle feurigen Geschoss des Bösen auslöschen.

Philipper 4.6-7

Sorgt euch um nichts; sondern in allem lasst durch Gebet und Flehen mit Danksagung eure Anliegen vor Gott kundwerden. Und der Friede Gottes, der allen Verstand übersteigt, wird eure Herzen und eure Gedanken bewahren in Christus Jesus!

Philipper 4.13

Ich vermag alles durch den, der mich stark macht, Christus.

Kolosser 1.27

Christus in euch, die Hoffnung der Herrlichkeit.

Kolosser 2.6

Wie ihr nun den Christus Jesus, den Herrn, empfangen habt, so wandelt in ihm.

1.Timotheus 6.10

Denn die Geldgier ist eine Wurzel alles Bösen; etliche, die sich ihr hingegeben haben, sind vom Glauben abgeirrt und haben sich selbst viel Schmerzen verursacht.

1.Timotheus 6.11

Du aber, o Mensch Gottes, fliehe diese Dinge jage aber nach Gerechtigkeit, Gottesfurcht, Glauben, Liebe, Geduld, Sanftmut!

2.Timotheus 1.7

Wir haben nicht den Geist der Furcht empfangen, sondern der Kraft, Liebe und Besonnenheit.

2.Timotheus 3.16-17

Dem gottlosen Geschwätz aber geh aus dem Weg; denn solche Menschen geraten immer tiefer in die Gottlosigkeit und ihre Lehre wird um sich fressen wie ein Krebsgeschwür.

Hebräer 3.12

Habt acht, ihr Brüder, dass nicht in einem von euch ein böses, ungläubiges Herz sei, das im Begriff ist, von dem lebendigen Gott abzufallen!

Hebräer 11.1

Der Glaube ist eine Verwirklichung dessen, was man hofft, eine Überzeugung von Dingen, die man nicht sieht.

Hebräer 13.5

Euer Lebenswandel sei frei von Geldliebe! Begnügt euch mit dem, was vorhanden ist; denn er selbst hat gesagt: Ich will dich nicht aufgeben und dich niemals verlassen.

Jakobus 1.2-4

Meine Brüder achtet es für lauter Freude, wenn ihr in mancherlei Anfechtungen geratet, da ihr ja wisst, dass die Bewährung eures

Glaubens standhaftes Ausharren bewirkt. Das standhafte Ausharren aber soll ein vollkommenes Werk haben, damit ihr vollkommen und vollständig seid und es euch an nichts mangelt.

Jakobus 5.16

Bekennt nun einander die Sünden und betet füreinander, damit ihr geheilt werdet! Viel vermag das Gebet eines Gerechten in seiner Wirkung.

1.Petrus 5.6-7

Demütigt euch nun unter die mächtige Hand Gottes, damit er euch erhöre zur rechten Zeit, indem ihr alle eure Sorge auf ihn werft! Denn er ist besorgt für euch.

1.Johannes 2.15-17

Habt nicht lieb die Welt, noch was in der Welt ist! Wenn jemand die Welt liebhat, so ist die Liebe des Vaters nicht in ihm. Denn alles, was in der Welt ist, die Fleischeslust, die Augenlust und der Hochmut des Lebens, ist nicht von dem Vater, sondern von der Welt. Und die Welt vergeht und ihre Lust; wer aber den Willen Gottes tut, der bleibt in Ewigkeit.

Sprüche 4.23

Mehr als alles andere behüte dein Herz; denn von ihm geht das Leben aus.

Sprüche 10.22

Der Segen des Herrn macht reich, und eigene Mühe fügt ihm nichts hinzu.

Sprüche 11.24

Einer teilt aus und wird doch reicher; ein anderer spart mehr, als recht ist, und wird nur ärmer.

Sprüche 11.25

Eine segnende Seele wird reichlich gesättigt, und wer anderen zu trinken gibt wird selbst erquickt.

Sprüche 13.18

Wer Zucht verwirft, gerät in Armut und Schande, wer aber auf Zurechtweisung achtet, kommt zu Ehren.

Sprüche 17.20

Wer ein unaufrichtiges (gekrümmtes) Herz hat, findet kein Glück.

Sprüche 19.17

Wer sich über den Armen erbarmt, der leiht dem Herrn und Er wird ihm seine Wohltat vergelten.

Sprüche 28.22

Ein scheelsehender Mann hascht nach Reichtum, und er erkennt nicht, dass Mangel über ihn kommen wird.

Sprüche 28.27

Wer dem Armen gibt, hat keinen Mangel; wer aber seine Augen vor ihm verhüllt, der wird sich viel Fluch sammeln.

Sprüche 29.7

Der Gerechte berücksichtigt das Recht der Armen, der Gottlose aber ist rücksichtslos.

Sprüche 29.25

Die Angst des Menschen führt ihn in die Falle; wer auf den Herrn vertraut, ist gesichert.

Sprüche 31.26

Ihren Mund öffnet sie mit Weisheit, und freundliche Unterweisung ist auf ihrer Zunge.

Schlusswort des Autors

Ich hoffe ihr habt nun Einblick erhalten was Jesus für uns alles getan hat. Es ist unser freier Wille das Erlösungswerk Jesus Christus anzunehmen. Ich von meiner Seite habe lange gebraucht, bis ich die Wahrheit im Glauben gefunden habe. Ich musste 56 Jahre alt werden, um mich intensiv mit Jesus Christus zu beschäftigen und ich danke meinen Onkel und Missionar Konrad Fischer und Pastor Karl Pils, dass sie mir die Augen öffneten, um den Weg des Glaubens zu finden.

Ich habe auch verstanden, dass der Schlüssel der Heilung im Glauben liegt. Der biblische Weg zur Heilung ist kein Weg einer Logik oder einer Menschenmeinung, sondern er ist der Weg des Glaubens. Starker, überwindender und biblischer Glaube kommt demnach aus dem Hören des Wortes Gottes.

Die Schlüssel zum Reich Gottes sind bei uns, weil Jesus sie uns übergeben hat. Wenn wir traurig sind oder uns wegen einer Krankheit hoffnungslos fühlen, sind wir ohne Glauben. Was heißt **CIA**? Christen in Aktion. Aktiv sein für Gott, das ist wahres Christentum, das ist Berufung.

Das Reich Gottes ist auf Erden. Vielen Leuten ist das nicht bewusst. In mehreren Bibelstellen stechen die Worte Macht und Kraft in Verbindung mit dem Reich Gottes heraus. Sieht man sich die Textstellen in Markus 9.1, im 1.Korinther 4,20 oder Offenbarung 12,10 an, wird klar, dass es sich hier um das Vergangene, das Gegenwärtige und das Zukünftige handelt. Er, der Herr Jesus, er der war, der ist und der wiederkommen wird. Und alles in Verbindung mit Macht und Kraft. Darum geht es im Reich Gottes. Gott hat für jeden einen Platz in seinem Reich. Die Fähigkeit Freude zu haben, sie zu empfinden und sie auch zu schenken, ist eine der kostbarsten Gaben, die Gott uns gegeben hat. Sie tröstet und verbindet uns, sie ist ein Zeichen des Glaubens und eine mächtige Waffe im geistlichen Kampf. Sie zu bewahren und erzeugen ist sehr klug. Wenn Menschen erstmalig das Wort Gnade hören, werfen sie das Gesetz einfach weg.

Das bewirkt Freisein und befreit uns von jeglichem Leistungsdruck. Eine große Freiheit wird spürbar. Doch beim Freisein vom Gesetz stehenzubleiben, wird letztendlich nicht die Erfüllung und die Freude bringen, die wir suchen. Nur einmal so einfach vom Gesetz befreit zu sein ist nicht besser, als unter dem Gesetz zu leben. Du wirst keine Veränderung spüren. Es wird dich zwar von der Angst vor Strafe befreien, was von großem Wert ist, doch es wird dir nicht die nötige Kraft zur Veränderung geben.

Deshalb bleiben wir mit unserer vorherigen Frustration zurück. Als uns Jesus errettete, empfingen wir eine neue Natur. Diese Natur hat den gleichen Wunsch, wie der Heilige Geist selbst. Diese Natur begehrt und fleht um Erfüllung. Wir wurden vorherebestimmt, dem Bilde Jesu gleichgestaltet zu sein. Es bewirkt in uns immer ein heftiges Verlangen nach Veränderung. Gnade gibt uns die Kraft, gottgefällig zu leben und auf diese Weise alle Wünsche zu erfüllen.

Ein ganz wichtiger Tipp von mir, damit du fest im Glauben bleibst und nicht in die Versuchung kommst abzuschweifen: Reduziere die ganze Medienberichterstattung, so weit wie möglich. Ich selbst habe seit drei Jahren keine Zeitung mehr, habe mich vom Facebook verabschiedet und auch von What's app und sehe mir keinen öffentlich-rechtlichen Sender mehr an. Ich bin der Meinung, wenn man Zwangsgebühren für etwas zahlen muss, was ich gar nicht will, davon kann ich keine seriösen Nachrichten erhalten.

Meide negative Menschen und fülle dich mit dem Wort Gottes. „Input" bestimmt immer den „Output". Um Gott zu sehen, musst du auf ihn durch das Leben Jesu schauen. Lese dir das Evangelium durch und schau dir das Leben und das Wirken von Jesus Christus an. Versuche aber nicht, ihn nur mittels seiner Lehren kennen zu lernen, sondern lerne auch sein Leben und ebenso seinen Dienst kennen.

Wenn du von ganzem Herzen an Gott glaubst, der immer geduldig und langmütig ist, wirst du bald erkennen, dass du selbst geduldig und langmütig wirst. Wenn du an einen Gott glaubst, der dich nur als heilig und gereinigt sieht, wirst du die Menschen als heilig und gereinigt ansehen. Wenn du an einen Gott glaubst, der wirklich liebt, wirst du wirklich lieben. Mit was du dich füllst, das wird als Ergebnis herauskommen.

Vielen Christen ist die Wahrheit über die Gnade Gottes nicht erzählt worden bzw. haben diese nicht aufgenommen und das Ergebnis sind Niederlage und Frustration.

Wenn du dich mit ihm beschäftigst, wirst du sehen, wie sich dein Leben schlagartig in eine Richtung bewegt, die du vorher so noch nicht gekannt hast.

Jesus ist der Weg, die Wahrheit und das Leben und keiner kommt zum Vater denn durch ihn.

Folgende Pastoren und Evangelisten führten mich durch mein Bibelstudium

Quellen

Dr. T.L. Osborn

Wayne Myers

Dick Benjamin

Willie George

Jim Wideman

Blaine Bartel

Joyce Meyer

Brian Houston

Billy Hornsby

Dr. A.R. Bernard

Ray Comfort

Dean Sherman

John Bevere

Dr. Marilyn Hickey

Bill Winston

John Amstutz

Berin Gilfillan

Stan de Coven

Larry Stockstill

Reinhard Bonnke

Jack Hayford

David Shibley

Dr. Jim Feeney

Bayless Conley

Ed Cole

Jim Cobrae

Dick Eastman

Christopher G. Smith

Terry Law

Buddy Bell

A.L. Gill

LaMarBoschman

Quelle Titelbild:

https://pixabay.com/de/illustrations/jesus-christus-je-sus-gott-himmel-1948251/

Wenn du auch Interesse an einem Bibelstudium hast und die Bibel systematisch studieren möchtest, gebe ich dir hierzu einen guten Tipp.

www.neuereformation.org

Möchtest du an unseren Glaubenstagen teilnehmen, können Sie sich hier auf dieser Webseite anmelden.

https://jesus-unsere-hoffnung.de

Roswitha Feuchtwanger-Born
Brücke zwischen zwei Kontinenten

Buchempfehlung

Meine Cousine Roswitha Feuchtwanger Born ist seit Jahrzehnten als Pastorin in Namibia, Angola und Simbabwe unterwegs. Lassen sie sich von ihrer Geschichte inspirieren. Sie erlebte in dieser Zeit sehr viele Abenteuer, die sie in diesem Buch eindrucksvoll erzählt.

Jesus unser Erlöser

Wenn wir begreifen was Jesus mit seinem Werk alles für uns getan hat, dann werden wir ein kraftvolles, befreites und vor allem ein Leben ohne Angst und Sorgen führen. In Zeiten, in denen es den Menschen gut geht, wird Gott in eine Schublade gesteckt. Völlig orientierungslos laufen sie durch die Gegend, voll Ungerechtigkeit, Habgier und Bosheit, voll Neid, Mordlust, Streit, List und Tücke. Sie verleumden und treiben üble Nachrede, sie hassen Gott, sind überheblich, hochmütig und prahlerisch und ungehorsam gegenüber den Eltern. Sie sind unverständig und haltlos, ohne Liebe und Erbarmen. Jesus gab uns sein Blut, damit der Neue Bund zwischen Gott und den Menschen besiegelt werden konnte. Wir müssen eigentlich nur eines tun: Jesus Christus in unser Leben aufnehmen und mit ihm gemeinsam den Weg in das Reich Gottes gehen. Ich hoffe, ich kann durch dieses Buch einige Menschen erreichen, sie anregen und zum Umdenken bewegen. Ein Leben mit Jesus lohnt sich.

Konrad Reitmeier geb. 1962 in Furth im Wald/Bayern ist seit 1982 verheiratet und Vater von einer Tochter. Der gelernte Bankkaufmann ist seit nunmehr 18 Jahren als selbstständiger Kaufmann tätig. Dazu hat er seit 2006 zusammen mit zwei weiteren Geschäftspartnern eine Internetfirma in Form einer GbR gegründet. Konrad Reitmeier nahm an einem zweijährigen Bibelstudium teil, mit erfolgreichen Abschluss im März 2021. Momentan arbeitet er an einem Bibel-Bachelor-Abschluss.

Zeitfracht Medien GmbH
Ferdinand-Jühlke-Straße 7
99095 Erfurt, Deutschland
produktsicherheit@kolibri360.de